全球环境治理视阈下海上搜救的法律问题研究

王崇 著

QUANQIU HUANJING ZHILI SHIYU XIA
HAISHANG SOUJIU DE FALÜ WENTI YANJIU

中山大学出版社
·广州·

版权所有　翻印必究

图书在版编目（CIP）数据

全球环境治理视阈下海上搜救的法律问题研究/王崇著. -- 广州：中山大学出版社，2024.12. -- ISBN 978-7-306-08188-9

Ⅰ．D993.5

中国国家版本馆 CIP 数据核字第 20247YG767 号

出 版 人：	王天琪
策划编辑：	李先萍
责任编辑：	李先萍
封面设计：	曾　斌
责任校对：	舒　思
责任技编：	靳晓虹
出版发行：	中山大学出版社
电　　话：	编辑部 020-84110283，84113349，84111997，84110779，84110776
	发行部 020-84111998，84111981，84111160
地　　址：	广州市新港西路 135 号
邮　　编：	510275　　传　真：020-84036565
网　　址：	http://www.zsup.com.cn　　E-mail：zdcbs@mail.sysu.edu.cn
印 刷 者：	广东虎彩云印刷有限公司
规　　格：	787mm×1092mm　1/16　11.375 印张　208 千字
版次印次：	2024 年 12 月第 1 版　2024 年 12 月第 1 次印刷
定　　价：	42.00 元

如发现本书因印装质量影响阅读，请与出版社发行部联系调换

本书为南方海洋科学与工程广东省实验室（珠海）资助项目（项目号：SML2020SP005）成果

序　　言

随着国际海上运输体量的不断增加，海上搜救作为保障国家海上交通安全的重要活动显得尤为重要。2014 年"马航 MH370 事件"唤起了各国对海上搜救合作问题的关注和思考，学界也开始逐步从国际法学视角分析其中所面临的法律问题。目前，我国现有调整海上搜救活动的相关法律规范仍存在不足之处，理论研究视角更多聚焦海上搜救合作的相关法律问题。王崇老师在他的专著《全球环境治理视阈下海上搜救的法律问题研究》中不仅研究了海上搜救的一般国际法问题，还更具前沿性地将可能发生的海洋环境污染及无人船参与海上搜救所面临的法律问题纳入整个研究框架，并深度剖析全球环境治理与海上搜救法律问题的关系，具有重要的学术价值和应用价值，亦有较好的创新性。

在本书中，王崇老师紧扣"全球环境治理"与"海上搜救法律问题"两个主题，全面梳理海上搜救的基本理论，深刻剖析海上搜救的法律主体、合作区域和法律责任等问题，并针对我国无人船参与海上搜救所面临的困境进行研究。难能可贵的是，王崇老师并未止步于对法律条文的简单解析，而是将研究视角拓展到全球环境治理的新领域，深入探讨了气候变化、海洋污染等全球环境问题对海上搜救活动的影响，以及海上搜救在推动海洋生态保护、促进可持续发展等方面的积极作用，不仅拓宽了海上搜救法律问题的研究视野，也为构建适应全球环境治理要求的海上搜救法律体系提供了新思路。此外，本书还注重实证研究，通过案例分析等方法对海上搜救实践中的法律问题进行了深入探讨。

本书以其独特的研究视角、系统的理论分析和丰富的实证资料，为海上搜救法律问题的研究开辟了新的路径。我相信，本书的出版不仅能为相关领域的学者和实务工作者提供有益的参考和借鉴，也将为推动全球环境治理和海上搜救事业的发展贡献重要的力量。

作为作者的博士研究生导师，我对其研究成果的出版表示诚挚的祝贺，对其在该研究领域取得的显著进步深感欣慰。我衷心祝福王崇老师在未来的学术道路上能够不断攀登新的高峰，为学术界贡献更多富有智慧与洞见的成果。

是为序。

李志文

2024 年 12 月 23 日

目　录

引　言 ·· 1

第一章　全球环境治理视阈下海上搜救的法律基本问题 ············ 20
  第一节　海上搜救的界定与相关概念比较 ························ 20
  第二节　海上搜救活动的法律属性 ································ 30
  第三节　海上搜救的法律维度与空间 ······························ 38
  第四节　海上搜救与全球环境治理间的关系 ···················· 43

第二章　全球环境治理视阈下海上搜救法律问题的理论基础 ······ 48
  第一节　单一联合主体论 ·· 48
  第二节　海洋功能进路论 ·· 53
  第三节　人权倾斜论 ·· 56
  第四节　全球海洋环境治理论 ······································ 62

第三章　全球环境治理视阈下海上搜救的法律主体问题 ············ 66
  第一节　海上搜救活动中的国家识别 ······························ 66
  第二节　海上搜救活动中国家间合作的法律问题 ··············· 70
  第三节　我国参与海上搜救国家间合作的地位与发展 ········· 81

第四章　全球环境治理视阈下海上搜救的责任区域问题 ············ 85
  第一节　海上搜救责任区的维度 ···································· 85
  第二节　海上搜救责任区划定的形式与特性 ····················· 89
  第三节　海上搜救责任区划定所引发的法律问题 ··············· 94
  第四节　海上搜救责任区划定法律问题的原因分析 ············ 99
  第五节　海上搜救责任区划定的进路思考 ······················ 103

第五章　海上搜救活动中生态环境保护法律问题 …………… 111
第一节　海上搜救活动中环境风险及其基本界定 ………… 111
第二节　海上搜救活动中生态环境保护的法律依据 ……… 115
第三节　我国海上搜救活动中关于环境保护的问题与原因分析 … 118
第四节　我国海上搜救活动中环境保护问题的解决建议 … 125

第六章　全球环境治理视阈下海上搜救的环境损害责任问题 … 131
第一节　海上搜救活动中环境损害责任的构成 …………… 131
第二节　海上搜救活动中环境损害责任的承担 …………… 138
第三节　海上搜救活动中国家责任的管辖豁免 …………… 141
第四节　海上搜救活动中国家责任的衡平 ………………… 145

第七章　我国无人船参与海上搜救的法律问题及完善思考 …… 149
第一节　无人船参与海上搜救活动的实践基础 …………… 149
第二节　无人船参与海上搜救活动的法律依据 …………… 152
第三节　无人船参与海上搜救活动面临的问题 …………… 155
第四节　对完善我国无人船海上搜救法律的思考 ………… 161

参考文献 ……………………………………………………………… 165

后　　记 ……………………………………………………………… 175

引　言

随着国际海上运输量的逐渐增加，海上搜救活动的地域宽度早已不受限于一国主权所辖及的范围。2014年"马航MH370事件"发生后，国家之间的海上搜救合作问题就引发了国际社会的广泛关注和思考，需要我们从国际法层面来研究海上搜救的相关法律问题，以求为这种国际合作获取更多的支撑和依据。目前在国际法学界，关于海上搜救活动国际法问题研究的成果相对比较稀缺，仅有的研究以及所提出的理论体系也并非为其量身而建。针对这一现状，从国际法角度研究海上搜救活动的相关法律问题就显得非常必要。

一、选题背景与研究意义

国家海上搜救活动是维护国家海上交通安全的重要保障性活动之一。它不仅包括本国搜救力量在其单方所划定的责任区内从事的搜救活动，还包括国家之间在共同协定的责任区域范围内所从事的搜救活动。在国内立法领域内，我国颁布了《中华人民共和国海上交通安全法》（以下简称《海上交通安全法》）；在国际法领域内，我国已经缔结并加入《1979年国际海上搜寻救助公约》（以下简称《搜救公约》）。为了提升我国海上搜救能力，健全与海上搜救相关的法律体系，促进我国海上搜救业的进一步发展，我们应当在完善现有法律法规的基础上，加强我国与其他国家的海上搜救合作能力，夯实海上搜救的国际法理基础，为我国海上搜救行业的不断发展提供有力保障，同时在搜救的过程中尽可能减少对环境的影响。因此，本书的选题背景主要基于以下三个方面。

第一，我国现有调整搜救活动的规范存在一定的分散性。目前在我国具有约束力的规范性文件中，调整并规范海上搜救活动的除了一些指南性、预案性文件之外，主要指的是各个省份所制定的与区域海上搜救活动相关的地方性法规，以及我国与其他周边国家缔结的诸多双边或多边海上搜救协定，例如《中美海上搜寻救助合作协议》。由于各个地方性法规规范的差异性较为明显，与周边缔约国之间达成的搜救协定及具体条款也不尽相同，因此，我国调整与海上搜救活动相关的法律法规的效力往往只是辖及各个地方而不是全国，其虽具有较强的技术性，但规范性不足。除此之外，我国当下正在讨论《海洋基本法》的制定和构建问题，如何完善与海上交通安全相关的规范并设置和出台必要的制度，也给这一问题的研究增添了必要性。反观国内立法，各个省份分别根据自身海域海况所制定的法律法规对于整体研究国家海上搜救活动的法律问题帮助有限，同时也无助于进一步分析相关的国际法问题，进而无法有效地推动《海洋基本法》立法的出台。据此，现有相关规范的地方性、分散性现况，为本书研究海上搜救活动的国际法问题提供更多的思考空间。

第二，国内学界对海上搜救国际法理基础的研究较为薄弱。目前学界的研究视角主要集中于国内法（往往是行政法范畴），对国际法问题研究关注相对较少。现阶段我国针对海上搜救活动的学理研究主要集中在两个方面：其一是关于海上搜救的国家合作问题[1]，其二是海上搜救的国内法制度研究[2]。前者从国际法角度出发，重在关注国家之间进行搜救合作时如何能够从理论上设计一套相对完善的程序，以使搜救活动能够在国家之间有条不紊地进行，从而避免合作出现混乱；而后者则从国内法出发，重在关注国内立法应该如何进一步完善。据此，现有的法理研究往往仅能在一定程度上满足国内立法的需要，但无法提供足够的理论支撑以应对海上搜救活动的国际法问题。而海上搜救活动的国际法理研究，需要避免仅从国内行政法层面出发探讨，应更多地从实体制度出发，以应对并解决可能产生的如海上搜救活动的国际法主体判别、海上搜救责任区的划定、海上搜救活动的通行等问题，并将其与国际法的基本理论相结合，完善海上搜救活动的国际法问题研究，以带动国内海上搜救立法的发展。然而，目前对这三个问题的探讨仍然处于一种相对匮乏的状态，这也是本书对海上搜救的国际法问题进行研究的必要价值。

---

[1] 马晓雪、石树凯、马来好：《作为公共物品的中国海上搜救服务：能力、结构与评估》，载《公共管理学报》2017年第2期，第39-47页。

[2] 魏敬民：《应加快我国海上搜救立法》，载《中国船舶报》2006年5月12日第10版。

第三，"马航MH370事件"提高了研究这一国际法问题的关注度。2014年3月"马航MH370事件"发生，各国政府深切地认识到国家间在应对大型海上遇险事故时进行搜救合作的必要性，以及现有国家搜救合作法律体系构建的薄弱性。同时，近些年我国南海地区人员落海事件时常发生，与周边国家（如越南、菲律宾）的海上救援合作也愈发频繁，甚至这种合作已经逐渐开始出现在一国地方政府与另一国地方政府之间，例如2003年我国广西壮族自治区防城港市与越南广宁所签署的《越南下龙湾至中国防城港高速客轮航线搜救合作协议》。然而，在海上发生遇险事件时，各国所从事的实际救援活动总因国家间的诸多海洋法问题而不断被延误，[①] 尤其是在南海地区广泛的海上搜救合作机制和体系并未得以形成的前提下，厘清海上遇险人员生命权与国家管辖海域主权之间的法律边际的重要性不断凸显，这为研究海上搜救活动的国际法问题提供了实践上的需求。

研究海上搜救活动的国际法问题，主要有以下两个方面的意义。

第一，为现有立法提供更多的理论支撑。研究海上搜救的国际法问题，并非只是空洞地探讨国家与国家之间所产生的合作式的法律关系，它必须要落实并回归到我国海上搜救的立法问题，但又要避免仅局限于行政法问题的研究范畴。海上搜救的国际法问题不仅是我国制定海上搜救相关法律的理论依据，更是我国与其他国家之间缔结相关国际公约的法理来源。通过研究海上搜救活动的基本理论问题，分析海上搜救活动的主体及其合作和责任、海上搜救责任区的划定、海上搜救船舶无害通过以及海上搜救活动的国内法构建等实体性的理论问题，能够为海上搜救活动的国内立法及与他国订立相关搜救协定提供理论参考。通过对海上搜救活动中的国际法问题研究，可以厘清海上搜救相关法律和国际海洋法之间的关系，为解决国家海洋权益争端以及分析其中相关国际法问题提供新的理论思路。

第二，促进国家海上搜救力量的发展。研究海上搜救的国际法问题重在为海上搜救提供稳定的国际法保障，并提升国家海上搜救实力。一方面，海上搜救力量的发展离不开相对清晰且稳定的搜救区域。海上搜救的国际法问题包含了对国家间海上搜救责任区划定的研究，通过分析海上搜救责任区的基本维度及成立的具体形式，探究这一区域可能引发的海洋法问题并加以解

---

① 余元玲：《中国—东盟交通运输合作机制研究》，载《甘肃社会科学》2012年第4期，第171页。

决，有助于为提升一国海上搜救力量扫除可能存在的障碍。另一方面，研究海上搜救的国际法问题可以减轻国家海上搜救力量发展过重的责任负担。全球海域面积广大，抢救遇险人员，需要积极调动周围各国参与救援。国家投入海上搜救的第一要义是救助海上遇险人员，但也不能以污染环境为代价，然而，搜救国的搜救活动必然伴随着一定的风险，且这种风险可能会对环境产生一定的危害，进而涉及责任的构成及承担。如果在此过程之中国家还要面临承担责任的风险，那么其参与海上搜救活动的积极性便会逐步被打消。因此，有必要厘清并平衡海上搜救活动中可能产生的国家责任，减轻国家搜救力量不合理的责任负担。

二、国内外研究综述

从目前的文献来看，国内外关于海上搜救的国际法问题研究已经取得了一些成果。国内学者在研究这一问题时多以"马航MH370事件"的发生时间为界限，具有明显的阶段性。与国内学者不同，国外学者在研究海上搜救的国际法问题时则具有一般性，除了研究相关理论之外，主要以海上搜救责任区为轴心和线索进行实体的问题研究，包括责任区域内的责任划定和通行问题等。同时，关于全球海洋环境治理问题的研究，国内外同样也取得了一些成果。

（一）国内研究现状

在海上搜救方面，国内研究可以分为两个不同的阶段：2014年"马航MH370事件"发生之前，其研究主要侧重于海上搜救的基本法律问题，如海上搜救的概念、范畴，中外海上搜救体系的比较等。自2014年"马航MH370事件"发生后，国内学者的研究开始朝着不同海域搜救合作的法律问题发展，而且这里提到的海域范围的划分不仅以地理位置为视角，还以是否存在争议海域为不同的研究对象。

在2014年"马航MH370事件"发生前，国内的研究具体集中在以下三个方面。

首先，对海上搜救这一概念的认识。有观点认为，海上搜救是指在我国主管机关的统一指挥和协调下所进行的对海难事件或其他紧急事件的搜寻与救助。① 有学者认为，海上搜救是政府协调一切力量，为海上遇险的各类人员提供搜寻与救助的公益性事业。② 也有学者认为，海上搜救是一种国家行动，是政府协调一切公共和私有资源，履行遇险监测、通信、展开搜寻工作、确定遇险人员位置，并将其转移到安全地点的国家行动。③ 相关的立法认为若要对海上搜救进行定义，则必须将这一概念拆分为二，分别讨论。首先我们应明确海上搜救是由"搜寻"与"救助"两个阶段构成，再在此基础之上对其分别进行定义。④

其次，对海上搜救范畴的界定。有学者认为，国家对海上搜救的范围界定与其管辖水域的范围相一致，即一国有义务在其领海、专属经济区范围内执行海上搜救任务，对遇险人员实施救援。⑤ 另外有学者认为，海上搜救要以《搜救公约》中所提到的"海上搜救区域"为视角，根据这一视角，国家海上搜救区域的确立依据与其他国家之间的协定而定。如果两国之间达成了相关搜救协定，即使实际发生遇难的地点位于一国专属经济区内，其他参与搜救协定的缔约国同样有义务参与搜救。⑥

最后，中外海上搜救体系的比较分析。有学者曾对中英两国海上搜救管理体系进行对比研究，包括工作程序、搜救组织、人员培训以及相关法律机制。⑦ 有学者分析了美国海上搜救体系，包括其组织机构、运作模式、搜救

---

① 杨盘生：《应尽快建立我国海上搜救基金》，载《中国水运》1996年第12期，第34页；王焕：《我国海上搜救情况浅析》，载《天津航海》2010年第3期，第59页。

② 黄志球：《治理理论视域下的我国海上搜救管理体制创新》，载《中国航海》2014年第3期，第72页。

③ 罗秀兰、孙展望：《海上人命救助制度模式之反思》，载《政法学刊》2011年第2期，第25-29页。

④ 《1989年国际救助公约》第一章第一条（a）部分以及《1979年国际海上搜寻和救助公约》第1章1.3作此界定。

⑤ 薛桂芳：《联合国海洋法公约与国家实践》，海洋出版社2011年版，第10页；于杰：《国家主管机关海难救助法律问题研究》（博士学位论文），大连海事大学2013年，第110页。

⑥ 王杰、李荣、张洪雨：《东亚视野下的我国海上搜救责任区问题研究》，载《东北亚论坛》2014年第4期，第16-24页。

⑦ 程明远：《中外海上救助的比较与借鉴》，载《世界海运》2011年第12期，第43-45页。

力量以及相关工作文件;① 有学者分析了中外海上救助的相关内容,阐述发达国家海上救助的特色以及中外海上救助之间的差异,提倡借鉴国外先进的做法,并对我国海上搜救提出相关的完善建议;② 有学者总结了澳大利亚、法国、日本三国的海上搜救体制等,这些研究对我国海上搜救的法律机制的完善起到了良好的借鉴作用。③

而2014年"马航MH370事件"之后,学界的研究重点发生了一定的变化,其研究更关注海上搜救责任范围,以及海上搜救活动中的国家合作,有些学者还尝试探讨我国海上搜救的立法问题。具体而言,这些研究主要可以归纳为以下四个方面。

第一,关于海上搜救中国家合作方面的研究。关于海上搜救中国家合作的研究,主要在于不同海域的合作机制。有学者以我国南海为例具体分析了在南海范围内海上搜救合作机制的构建。④ 有学者从海域结构上分析了闭海和半闭海国家进行海上合作机制的构建,并提出相应的思考。⑤ 有学者以"马航MH370事件"为例,分析了该事件中国际应急救援合作的主要障碍、完善方向以及中国所应发挥的积极作用。⑥ 有学者探讨东南亚地区海上人道联合搜救的行动机制,分析了该机制面临的障碍、产生的问题以及问题的解决方案。⑦ 有学者以北极海空搜救事例为切入点,阐述了《北极航空与海洋搜救合作协议》制定的法理基础、操作框架以及合作制度,进而提出北极海

---

① 张哲、张守月:《美国海上搜救体系解析》,载《中国应急救援》2011年第4期,第45–48页。

② 程明远:《中外海上救助的比较与借鉴》,载《世界海运》2011年第12期,第43–45页。

③ 董琳:《澳大利亚海上搜救体制》,载《中华灾害救援医学》2014年第3期,第114页;范立君:《法国海上搜救体制》,载《中华灾害救援医学》2008年第1期,第115页。

④ 向力:《南海搜救机制的艰难抉择——基于南海海难事故的实证分析》,载《海南大学学报(人文社会科学版)》2015年第3期,第50–57页。

⑤ 张颖:《半闭海制度对南海低敏感领域合作的启示》,载《学术论坛》2016年第6期,第68–73页。

⑥ 游志斌:《"马航事件"中的国际应急救援合作剖析》,载《行政管理改革》2014年第7期,第44–48页。

⑦ 杨凯:《东南亚地区海上人道搜救联合行动机制建设展望》,载《东南亚纵横》2014年第12期,第32–35页。

域八国的搜救短板，并提出相关的思考方向及法律建议。① 有学者以南海海难事故为研究对象，运用实证分析法分析了南海搜救合作机制，总结了南海搜救合作制度缺失的原因以及改进的方向。②

第二，关于海上搜救责任区方面的研究。学界关于海上搜救责任区的研究主要集中于以下几个方面：关于海上搜救责任区的范围，有学者探讨了东亚视野下的我国海上搜救责任区问题，介绍了我国、东亚以及南亚其他国家和地区海上搜救责任区的情况，并进行比较，最后尝试设计我国海上搜救责任区的范围方案。③ 关于海上搜救责任区的管辖，有学者以国际法为视野研究中国海事行政执法问题，认为海上搜救活动体现了沿海国对本国管辖海域安全的维护。④ 有学者从专属经济区范围内的适度性执法入手，分析在专属经济区范围内涉及的执法性问题，对搜救活动具有一定的启发。⑤ 有人以"马航MH370事件"及《搜救公约》的规定为切入点，对沿海国、港口国、船旗国管辖下的搜救通行问题提出质疑，论证了当搜救活动中所体现的人道主义救援与国家海洋权益之间发生竞合时的法律边际问题。⑥ 关于海上搜救责任区的通行，有学者谈及"马航MH370事件"中的国际救援问题时，指出了对马航MH370搜救时在越南领海附近争议海域的穿越问题，并将地缘政治因素纳入海上搜救责任区的通行问题考虑范围。⑦

第三，关于海上搜救的立法研究。有学者认为我国应出台一部《中华人

---

① 肖洋：《北极海空搜救合作：成就、问题与前景》，载《中国海洋大学学报（社会科学版）》2014年第3期，第8–13页。

② 向力：《南海搜救机制的艰难抉择——基于南海海难事故的实证分析》，载《海南大学学报（人文社会科学版）》2015年第3期，第50–57页。

③ 王杰、李荣、张洪雨：《东亚视野下的我国海上搜救责任区问题研究》，载《东北亚论坛》2014年第4期，第16–24页。

④ 李响：《国际法视野下的中国海事行政执法问题研究》（博士学位论文），大连海事大学2012年，第53–69页。

⑤ 熊勇先：《争议专属经济区内适度性执法研究》，载《中国法学》2016年第5期，第92–109页。

⑥ 刘萧：《MH370海上搜救启示》，载《中国船检》2014年第4期，第66–67页。

⑦ 范烨民：《从马航MH370事件看国际联合救援的问题与对策》，载《新西部》2014年第9期，第168–169页。

民共和国海上搜救条例》以调整国家海上搜救行为，进而使其规范化、法制化。① 有学者不建议对国家主管机关从事海上搜寻与救助活动进行专门的立法，而是希望完善《海上交通安全法》的相关部分。② 有学者认为，尽管调整海上搜救活动的法律规范应该纳入《海上交通安全法》的范畴，但在我国将来出台的《海洋基本法》之中，它也需要被明确。③ 关于相关搜救立法制度的构建，学界研究的内容较少，更多的是回归到一般性的立法制度构建问题的研究层面。例如，有学者认为海上搜救立法的制度构建应该符合海上交通安全立法的要求，并应在我国现有的《海上交通安全法》之中予以体现。④

再者是关于全球海洋环境治理方面的研究，国内的有关研究多从生态方法的角度切入，有关生态环境全球治理法律问题整体构成及内涵的研究相对较少。其切入点主要集中于海洋环境的全球治理。其原因主要是相较于其他而言，海洋环境存在更大的共同治理的空间。总体而言，目前的成果主要可以分为两类：第一类是对全球海洋环境治理的整体性分析，第二类是关于全球海洋环境治理中具体问题的立法、执法、司法研究。

在全球海洋环境治理的整体性分析方面，有学者对涉外海洋法治的整体进行分析，涉及海洋环境治理的立法、司法、执法内涵。⑤ 在全球海洋环境治理的立法、执法、司法方面，有学者从海洋与法律的整体关系入手，结合生态系统保护原则，对比我国台湾地区的海洋法与海洋国际条约的内容，讨论海洋法立法的发展趋势。⑥ 还有学者对非法、不报告、不管制（illegal un-

---

① 《国家海上搜救条例已报送国务院法制办》，见法律教育网（http://www.chinalawedu.com/new/23341a02012/2012111caoxin102729.shtml），最后访问时间：2023年4月24日。

② 于杰：《国家主管机关海难救助法律问题研究》（博士学位论文），大连海事大学2013年，第110页。

③ 李志文：《论我国海洋法立法》，载《社会科学》2014年第7期，第88页。

④ 范金林、郑志华：《重塑我国海洋法律体系的理论反思》，载《上海行政学院学报》2017年第3期，第105－111页。

⑤ 姚莹：《涉外海洋法治：生成背景、基本内涵与实践路径》，载《武大国际法评论》2022年第4期，第22－44页。

⑥ 黄昇：《海洋与法律》，新学林出版股份有限公司2010年版。

reported and unregulated，IUU）捕捞行为的监管、执法、司法等进行分析。①

（二）国外研究现状

与国内学者的研究相似，国外学者对海上搜救的研究也多从搜救责任区和国家合作等不同的角度展开，但不同的是，国外学者对海上搜救的国际法理论问题有着较为系统的研究，具体主要有以下几个方面。

第一，有关海上搜救的国际法理论研究。有学者分析了国家主管机关从事海上救助时的"人文精神"，并认为对遇险人员生命权的尊重是支撑海上救助的主要理论依据。② 在面对海上搜救活动中人权与主权之间的关系问题时，有学者认为在厘清海上搜救活动中遇险人员生命权与国家管辖海域内主权之间的关系后，应该考虑向保障遇险人员人权一侧倾斜。③ 有学者则以里海为例，强调管辖海域在其中的作用，而没有顾及人权与主权之间的辩证和倾斜问题。④ 在与搜救责任区相关的理论研究中，有学者认为，海洋法中的区域理论主要服务于海洋功能，它意在强调涉海活动的相关立法应该紧密地围绕海洋功能，并根据这些功能分门别类，如港口航运功能区、渔业资源利用和养护功能区、旅游功能区、海洋保护功能区、海洋安全维护功能区、海上搜救责任区等。⑤ 有学者认为，区域理论应该立足于国家管辖海域，根据国家对于其管辖海域的权限范围以及大小，制定相关海洋活动的准则（包括

---

① 何好如、黄硕琳、韦记朋：《欧美 IUU 捕捞管理体系对中国渔业政策制定的启示》，载《上海海洋大学学报》2021 年第 1 期，第 171 - 178 页；曲波：《澳法打击南大洋 IUU 捕捞执法合作：内在成因、外在动因及合作特色》，载《海南大学学报（人文社会科学版）》2022 年第 6 期，第 52 - 60 页；郝会娟：《韩国管制 IUU 捕捞的国家法律措施评析》，载《山东大学法律评论》2020 年第 1 期，第 371 - 395 页。

② Barnes, Richard. "Refugee Law at Sea", *International and Comparative Law Quarterly*, 2004 (53), pp. 47 - 78.

③ Juhas, Catherine F. *The American Treatment of Life Salvage at Sea Analysis & Commentary*, Maritime L. Bull, 2012.

④ Grifiths, David N. "What's in a Name? The Legal Regime in the Caspian Sea", *Ocean Yearbook*, 2019, 161, pp. 161 - 192.

⑤ Douvere F, Ehler C N. "New Perspectives on Sea Use Management: Initial Findings From European Experience with Marine Spatial Planning", *Journal of Environmental Management*, 2009, 90 (1), pp. 77 - 88.

海上搜救活动)。① 有学者根据区域理论，指出国家应该明确其管辖海域的权限范围以及大小，并以此来制定相关海洋活动准则，且这一准则要和《联合国海洋法公约》确立的各类制度相吻合。② 在研究搜救船舶的无害通过理论中，有学者认为，如果要限制其他国家通过沿海国的无害通过权，必须要详尽地采用列举式的方式予以表达。③ 如果外国船舶没有进行任何上述活动，则沿海国就不能认为通过是非无害的。也有学者认为，判定是否对沿海国的领海安全构成威胁要尽可能地采取保守的态度，其不仅要符合《联合国海洋法公约》的相关规定，更要从一般意义上查看即将要行使这一权利的载体船舶本身是否必然具有"无害性"。④

第二，有关海上搜救责任区的研究。国外学者对有关海上搜救责任区的讨论散见于对不同海域合作的研究中。例如，有学者以里海海域的相关国家为例，对海上搜救责任区的管辖与各国对里海海域边界管辖之间的关系进行充分的分析，强调二者之间的区别。⑤ 有学者以北极相关海域为研究切入点，研究北极海域八国于2011年签订的《北极航空与海洋搜救合作协议》中将北极划分的若干个搜救服务区域，并强调该区域的性质以及该搜寻区域与北极各国管辖海域之间的关系。⑥ 有学者分析了不同公约下海上搜救责任区确定的差别，并提出了这些差别在塑造区域内国家搜救合作时所发挥的作用。⑦ 有学者依据《联合国海洋法公约》及《SOLAS公约》分析了发生海上人员

---

① Siva D A, Caldwell M R. "New Vision for California Ocean Governance: Comprehensive Ecosystem-Based Marine Zoing", *Stanford Journal of International Law*, 2008, 27, p. 209.

② Halpern B S, Walbridge S, Selkoe K A, et al. "A Global Map of Human Impact on Marine Ecosystems", *Science*, 2008, 319 (5865), pp. 948 – 952.

③ 李红云：《也谈外国军舰在领海的无害通过权》，载《中外法学》1998年第4期，第88–92页。

④ V. D. Degan. "International Waters", *Netherlands Yearbook of International Law*, 1986 (17), pp. 3 – 44.

⑤ Griffiths, David N. "What's in a Name? The Legal Regime in the Caspian Sea", *Ocean Yearbook*, 2019, 161, pp. 161 – 192.

⑥ Bjorn arp. "Introductory Note to the Agreement on Cooperation on Aeronautical and Maritime Search and Rescue in the Arctic", *International Legal Materials*, 2011, 6 (50), pp. 1110 – 1130.

⑦ Aysegulbugra. "Thoughts on the Salvage Convention 1989 and Turkish Law", *The Turkish Commercial Law Review*, 2015 (1), p. 74.

遇险事件时船旗国、过境国、港口国的海上搜救的强制义务以及海上搜救的重要性。① 也有学者以葡萄牙为例,将海上搜救活动与国家海洋政策相结合,论证了海上搜救活动在维护海上地区安全的重要性及国家参与海上搜救活动的必要性。②

第三,有关海上搜救活动中国家合作的研究。有学者以人身安全及地域安全为视角,探讨在中国南海环境中各国为保证人身及地域安全的合作准则,以及南海国家构建真正意义上的海上搜救合作的途径。③ 有学者以俄罗斯和北约之间的合作为基础,探讨两个主体之间关于海上搜救合作的执行情况,强化救援合作方式(如潜艇船员救援)等,并深化这一合作力度。④ 有学者通过对国际海洋研究所在的地中海区域、里海区域、黑海区域三个海域沿海国家海上搜救活动合作的研究进行分析,探讨了三个海域沿海国家进行搜救合作的必要性和一些合作结果。⑤

第四,关于海上搜救的立法问题研究。关于立法问题,有法案认为调整并规范海上搜救活动应该在遵循一般法律规范的前提下,以相关的海上应急预案为基准。也有学者认为,将海上搜救立法规范置于一国的搜救计划或预案之中,同时也不必然地排斥其他几种立法形式,可以共同研究,最终形成一种并存的立法状态。⑥

在全球环境治理方面,国外学者的研究成果相较于国内学者更为丰富,但也同样集中于海洋环境治理。而与国内学者类似的是,研究成果同样可以

---

① Barnes, Richard. "Refugee Law at Sea", *International and Comparative Law Quarterly*, 2004 (53), pp. 47–78.

② Carneiro, Goncalo. "Social Dimension of Portugal's Ocean Policies", *Ocean Yearbook*, 2019, 161, p. 103.

③ Kittichaisaree, Kriangsak. "Code of Conduct for Human and Regional Security around the South China Sea", *Ocean Development and International Law*, 2001, 2 (32), pp. 131–148.

④ Christopher, Warren. "Reinforcing NATO's Strength in the West and Deepening Cooperation with the East", *U.S. Department of State Dispatch*, 1995, 23 (6), pp. 471–474.

⑤ KofiAman. "Report of the International Ocean Institute", *Ocean Yearbook*, 2005 (21).

⑥ Bjorn arp. "Introductory Note to the Agreement on Cooperation on Aeronautical and Maritime Search and Rescue in the Arctic", *International Legal Materials*, 2011, 6 (50), pp. 1110–1130.

分为两类：一类是对全球海洋环境治理的整体性分析，另一类是关于全球海洋环境治理中具体问题的立法、执法、司法研究。

在全球海洋环境治理的整体性分析方面，有学者认为全球海洋环境治理实质上是全球治理中的社会主体与政府之间关系的具象化，应当建设全球海洋环境的公共管理体制，促进形成环境治理的网络体系。① 还有学者认为随着全球环境整体性观念的发展以及多边合作国际规范的推动，国家需要克服个体利益阻力，参与全球环境治理。②

在全球海洋环境治理的立法方面，国外学者对全球海洋生态环境治理立法问题的研究主要集中在《国家管辖范围以外区域海洋生物多样性的养护和可持续利用协定》（BBNJ 协定）的问题上。有学者对海洋生物多样性进行了概述，并对《联合国海洋公约》中海洋生物多样性相关的法律内容进行评述，提出法律空白和智力缺陷，试图解决 BBNJ 保护机制的不足。③ 在全球海洋环境治理的执法方面，国外学者主要针对不同种类的执法内容进行分析，而近些年来对于港口国、船旗国监督船舶造成海洋环境污染的问题关注较少，关注点主要集中于 IUU 问题和海洋塑料污染问题。例如，有学者认为应当将责任保险制度引入 IUU 管制，通过限制实施 IUU 捕鱼的主体获得保险，对 IUU 捕鱼行为产生威慑，从而有效减少 IUU 行为④。有学者在比较德国、菲律宾、美国对于海洋塑料污染的执法措施后，认为应以国内执法措施带动国际执法措施发展。⑤ 在全球海洋环境治理的司法方面，学者针对当前存在的具体问题进行研究，或是对国际法院、海洋法法庭的作用进行分析。例如，有学者认为日本排放核污水造成的跨界污染极易在国际法院或法庭上

---

① R. A. W. Rhodes. *Public Administration and Governance*, in Jon Pierre ed. *Debating Governance: Authority, Steering, and Democracy*, Oxford University Press, 2000, pp. 54–90.

② Bernstein, Steven. "International Institutions and the Framing of Domestic Policies: The Kyoto Protocol and Canada's Response to Climate Change", *Policy Science*, 2002, 35 (2): pp. 203–236.

③ Agarwal, Kr. S. "Legal Issues in the Protection of Marine Biological Diversity Beyond National Jurisdiction", *Maritime Affairs Journal of the National Maritime Foundation of India*, 2015, 11 (1), pp. 84–98.

④ Soyer B, Leloudas G, Miller D. "Tackling IUU Fishing: Developing Holistic Legal Response", *Transnational Environmental Law*, 2018, 7 (1), pp. 139–164.

⑤ McMahon M. "Tides of Plastic: Using International Environmental Law to Reduce Marine Plastic Pollution", *Hastings Environmental Law Journal*, 2022, 28 (1), pp. 49–75.

引发国际争端，讨论了核污水排放可能引发国际诉讼及预期诉讼结果。① 还有学者对比海洋法法庭与国际法院的相关案件，突出国际海洋法法庭在解决国际海洋环境争端中的重要作用。②

（三）国内外研究成果评述

通过对国内外研究成果进行归纳与整理，从中可以看出国内外对海上搜救的国际法问题的研究成果具有极其宝贵的学术价值，但也在某些具体问题上存在研究的空白及不足之处。

1. 国内研究成果评述

"马航MH370事件"发生之后，针对该事件，国内学者展开了一系列的研究，并在海上搜救活动中的国家合作方面和海上搜救责任区的划定及问题分析方面取得了重大突破。具体体现在以下两个方面。

第一，全面分析了不同海域下国家海上搜救的合作问题。国内学者在研究海上搜救这一国际法问题时的首要贡献在于全面地分析了不同海域范围内的国家合作问题，这里包含了我国的南海地区、东海地区以及存有闭海、半闭海地区地形的区域，并注意到了争议海域范围内海上搜救的国家间合作问题。因此，从整体而言，国内学者对国家海上搜救合作问题的研究还是比较全面的。相比国外学者的一般性探讨而言，国内学者更注重海上搜救合作过程中地缘政治因素的影响，这也是结合了我国目前国内搜救区域划定和与邻国海洋权益纠纷争端这两个背景，从而具有一定程度上的充分性和现实性。

第二，对海上搜救责任区进行了较为体系化的研究。除了海上搜救活动中的国家间合作问题之外，国内学者对海上搜救责任区的研究较全面，且具有较为明显的体系结构。相比国外学者对海上搜救责任区研究的单一化而言，国内学者在研究海上搜救责任区的相关国际法问题时是从本源、与管辖海域之间的关联、通行和责任等几个方面研究，不单只是研究海上搜救责任区范围的国家合作问题，而更注重从海上搜救责任区本身进行思考，进而确定在该区域范围内的诸多实体性问题。这种做法不仅将海上搜救责任区的研

---

① Kim J. "Potential International Litigation in the Context of Transboundary Pollution: with Special References to the Disposal of Radioactive Water into the Ocean by Japan", *Journal of East Asia and International Law*, 2021, 14 (2), pp. 245-270.

② Ramprasad N. "International Tribunal for the Law of the Sea: Its Role in Resolving Sea Disputes", *International Journal of Law Management & Humanities*, 2021, 4, pp. 738-748.

究视角从单一化逐渐地过渡到了体系化的阶段，还有助于研究这一体系之下的其他法律问题，进而扩大研究的方向。

从当下对海上搜救中的国家间合作问题研究和全球环境治理问题研究来看，尽管学者对该问题的研究较全面且成体系，但这些研究同样存在着一定的局限性，主要体现在以下几个方面。

第一，在研究海上搜救活动中的国家间合作问题时并未考虑程序性问题。海上搜救活动中的国家间合作程序是整个搜救合作过程中的重要部分，然而国内学者针对这一问题的研究较薄弱：一方面，国内学界未能厘清海上搜救程序设计过程中所应秉持的价值位阶，海上搜救活动涉及国家管辖海域范围内的主权问题与遇险人员生命权之间的关系，然而这种关系并不是并行共存的，而应具有一定的位阶关系。但是，现有研究并未厘清这种位阶关系。另一方面，未能对海上搜救活动中的程序体系进行再思考。现有研究基本是以不同机制为切入点进行论证分析，对程序体系的把握欠佳。我国已经缔结并加入了相关公约，但这些公约对缔约国之间的约束力仍然不够理想，整体的设计体系也未能根本解决如"马航MH370事件"所带来的相关问题。因此，对整个海上搜救活动中的程序体系设计进行再思考是研究的一个新的方向及切入点。

第二，对"海上搜救责任区范围下搜救船舶通过"的研究力度不够。现有对于搜救船舶通过问题的研究主要集中于个案分析，例如对"马航MH370事件"中搜救船舶通过问题的研究，并未真正地从理论上讨论搜救船舶在必要通过他国领海时遭受的阻碍及其反映的国际法问题，只是一定程度上反映搜救船舶通过存在的问题，无助于推动相关法律机制的构建和国家合作体系的形成。除此之外，国内学界对搜救船舶通过问题的分析未能从搜救船舶本身入手，现有的研究普遍认为搜救船舶的法律属性或是军舰属性、政府公务属性，或是商船。但是，这些研究未能从国际法的角度出发考虑搜救船舶能否成为一种独立属性且具有人道主义或公益性质的船舶。以无害通过为例，现行理论对船舶无害通过权的研究往往只将船舶视为一般意义上的军舰或其他具有公务性质的船舶，而未能考虑搜救船舶本身及其自身的国际法属性，进而只以这一特殊的船舶为着眼点分析其相关的无害通过问题。从这一点来看，现有的研究对海上搜救船舶本身的关注程度仍然不够，需要进一步深化相关研究。

第三，未能关注国内海上搜救整体性立法。首先，现有的研究仅能在一定程度上把握我国海上搜救立法总体态势，忽略了立法体例的择取和制度构建等问题；其次，现有的研究与我国立法环境背景存有一定的距离。研究并考量我国海上搜救立法，不能脱离我国当前的立法环境背景或仅停留于理论分析之中，需要结合我国立法环境背景、立法技术经验等。目前学界的研究大多是从理论层面出发，通过借鉴其他国家的立法技术及经验，进而思考我国海上搜救立法应如何开始。这种做法不能完全切合我国现有法律环境背景，并且在没有充分分析《中华人民共和国立法法》及其他涉海法律法规所涵摄的理论和制度的前提下，这种部分性的研究不免会出现一定程度上的偏离。最后，未能考虑我国各个省份内的相关立法现状。与其他相关法律所不同的是，我国海上搜救立法事关一部统一的法律或行政法规，目前现存诸多地方性法规，如我国海南省、江苏省等诸多省份都有自己的地方性海上搜救法规，且其他未出台该种立法的省、自治区、直辖市也有相继出台的趋势。在此种情况下，未来海上搜救立法与各个省份相关法规之间的效力关系及应该如何发挥其统一和一般性的调整作用，是学者需要继续发掘和研究的重要问题。

第四，对海上搜救和环境保护的讨论较为割裂。一方面，海上搜救的核心目的和第一要义是救助受难人员，生命权至上的价值观念决定了相关研究必然围绕着搜救而展开，而对搜救所产生的衍生问题研究较少；另一方面，关于全球环境治理的研究主要集中于新产生的或者说较为严重的环境损害问题，例如日本排放核污水、IUU 捕捞行为等，对海上搜救行为所导致的环境损害问题关注较少。但是，海上搜救行动有可能导致长久的、严重的环境污染问题，有可能致使与搜救或遇难无关的国家承担环境损害带来的后果。因此，海上搜救行动可能造成的环境损害和由此衍生的法律责任，以及责任的承担、管辖的豁免等一系列问题都是值得进一步研究的。

2. 国外研究成果评述

相比国内，国外学者在海上搜救国际法理论研究方面有所突破。有些理论，如对海上搜救中人文精神理论的研究是直接适用于海上搜救行动的，也有理论不仅适用于海上搜救领域，还可以带动其他涉海活动的理论研究，如区域功能划定理论和船舶无害通行理论。这些理论对本书的研究都起到了重要的支持作用，也为本书观点的形成奠定了基础。从国外对海上搜救理论研究成果来看，其已经在一定程度上把握了海上搜救国际法问题的大致脉络，尤其是对人权和主权理论本身的剖析和研究可以直接切入海上搜救国际法问题研究的核心，国外现有理论部分的研究主要有以下两点积极作用。

第一，为研究海上搜救的具体国际法问题奠定坚实的基础。具体而言，这些问题包括但不限于海上搜救中的国家合作和搜救船舶的无害通过权。现有研究以功能理论和人权理论为一般性的切入点，有助于梳理并厘清一个稳定的研究架构，从而能够为形成一整套海上搜救的国际法理论体系奠定坚实的基础，并有力地推动具体问题的解决。例如国家与国家之间在协商划定海上搜救责任区时需要在这个区域内约定相关的具体搜救义务，如协调权的分配、搜救船舶的通行规范等，这些具体问题都必须在海上搜救责任区这个框架下进行解决。如果海上搜救责任区不是一种海洋功能性的服务区域，也没有相关的理论体系支持这种区域的划定和成立，那么这些约定就无法在国际法中获得充足的设立依据，这种搜救协定所能实际发挥的作用就会受限。因此，国外学界研究海上搜救活动中的国际法理论问题能够在一定程度上发挥推动具体问题解决的作用。

第二，为开辟海上搜救实践活动提供更多的技术支持。除了为具体国际法问题提供相应的指导之外，国外的理论研究成果还有助于解决在搜救实践中的具体应用问题。例如国家与国家之间在划定搜救责任区的过程中，需要考虑划定的限度和标准，所划定的责任区不能过于庞大，也不能只限于本国所辖及的水域范围，而解决这些问题都离不开海域功能区的理论支撑，即国家与国家在划定搜救责任区时需要综合考虑所协定海域范围内的功能种类，从而认定是否有划定搜救责任区的必要。另外，国家在派遣搜救船舶抵达事故地点参加救援时，当越过他国领海是属必要或不可避免时，应该如何与沿海国进行沟通并采取合适的方式通行，这些技术性问题都与通行理论有着密切的关系。

尽管国外学者对海上搜救活动中国际法的理论问题有着一定的贡献，但并非尽善尽美，国外学者关于海上搜救理论的研究也存在一定的局限性，主要体现在以下两点。

第一，部分理论观点存在一定的片面性。国外学者（尤其是英美国家的学者）在研究海上搜救活动中所体现的人文精神时，过于强调对遇险人员生命权的尊重。诚然，这是一种相对理想化的观点，但未能考虑亚洲诸多发展中国家在面对这一问题时所产生的困境。当遇险人员的遇险地点位于争议海域内时，应该如何协调遇险人员的生命权与国家管辖海域范围内的主权，两种权利的价值位阶又应如何排序，这是国外学者在研究过程中并未过多关注的。因此，国外学者在提出相关理论时，其本身表述有着一定的片面性，将关注点放在一般的理论基础问题上，并没有具体考虑一些特殊的海域面临的问题并对其进行分析。

第二，现有的理论研究呈现分散化的态势。国外学者在进行理论研究的过程中，没有注意此理论与彼理论之间的逻辑关系，这使现有研究分散化态势十分明显。就目前的研究来看，国外学者除了一般化地分析海上搜救活动中的人文精神理论之外，其研究还涉及了区域理论和通行理论。然而，这三种理论之间应该存有"一般"和"具体"的关系，前者更注重一般化地提倡海上搜救活动进行时所应具备的观念，而后者是在实际搜救过程中为解决相关问题所产生的理论。除此之外，国外学者的研究并未考虑其他研究领域的理论（例如主体理论和国家责任理论）以及它们应该如何直接适用于海上搜救活动，在责任分析的过程中应该如何做到尽可能地衡平，这些问题都是国外学者较少关注的。

此外，和国内学者一样，国外学者对于海上搜救和全球环境治理的交叉部分研究较少，只关注了当前较为热门的环境问题，而较少关注海上搜救可能引发的环境损害问题。

三、本书的研究方法

海上搜救的国际法问题可以分为海上搜救活动主体及其责任、责任区的划定、海上搜救船舶的无害通行等多个具体的问题。本书是在海上搜救责任区这个大的环境背景下，分析其中的搜救船舶通行、国家责任确立、合作程序设计等与搜救活动相关的国际法问题。此外，本书在研究海上搜救活动的国际法问题时，还研究了海上搜救活动的一些特殊问题，包括搜救主体、搜救船舶的特殊问题，并兼顾整个国际应急救援的相关共性问题践行情况。

本书注重理论与实践相结合、制度与体系相统一，并充分关注行文的逻辑链条，以一般性的基本问题和理论基础为起点，在查阅相关资料、总结国内外研究成果的基础上，针对海上搜救的国际法问题的具体内容进行分析与论述。本书具体用到的方法如下。

第一，价值分析法。价值分析法是通过认知和评价事物的价值属性，从而揭示、批判或者确证一定社会价值或理想的方法。在对海上搜救活动的合作程序问题上，本书首先确立某种价值位阶，然后确定国家合作所应遵循的宗旨目标，为本书的研究做出相应的价值评价。

第二,实证分析法。实证分析法是着眼于当前的社会或学科现实,通过事例或经验做出推理说明。本书对海上搜救活动的责任区区域划定、船舶通行、国家责任等方面进行实证分析,从而使相关的理论分析符合客观实际。除此之外,本书将充分立足于我国海洋发展战略以及海洋发展政策,在对我国海上搜救管理部门实地调研的基础上,充分地运用统计调查、网络调查等方法,进行深入研究,理论联系实际,较全面地反映我国海上搜救立法过程中所存在的客观问题。

第三,归纳法与演绎法。归纳法是从个别事例中获得一个较为概括性的规则,演绎法是从既有的普遍性结论推导出事物的特性。本书将归纳法与演绎法相结合,对海上搜救活动的不同方面予以概括总结,并就相应的问题深入分析。在此基础上,通过层层递进推导,解释论证海上搜救活动中责任区域划定、搜救船舶通行、国家责任构成及衡平,以及国家合作程序体系构建等相关问题,并给出自身的应对措施,从而保证本书的研究结论准确、严谨。

第四,理论分析法。本书的研究以大量文献资料为基础,尤其是国内外学者在面对海洋立法问题时所提出的理论观点及相应的论据,在对这些内容进行充分阐述与分析的基础上,为有关的制度设计提供科学的理论基础。

四、本书的研究价值

针对现有研究所表现出的局限性,本书的价值主要表现在以下两个方面。

(一)学术价值

首先,依体系化、制度化的方式构建海上搜救立法,试图形成一套立法理论并以此为具体制度设计提供指导。现有的学术研究更多的是探讨某个具体问题,忽略了海上搜救国际法理论对具体制度的引领和推动作用,而本书将现有关于海上搜救立法理论基础进行嫁接式的整合,使之成为一个体系化的框架,避免研究结论的涣散,通过对海上搜救的国际法问题研究为我国海上搜救立法设计奠定坚实的理论基础。笔者在整合研究过程中,辩证地汲取不同理论学说的可取之处,对不符合我国实际立法背景及立法工作要求的部分予以扬弃,并从整体上注入符合我国立法实际的思辨理论,形成一套统一的海上搜救立法理论,使之适宜目前我国的立法环境土壤。

其次,通过对主体理论的研究来识别海上搜救活动中的国家。海上搜救活动中的国家识别,是研究海上搜救主体的首要问题。从海上搜救主体从事国际海上搜救活动中所处的地位来看,在搜救协定下,可以将这种国家分为缔约国、人道主义救援国和兼具两个属性的双重身份国,依据这种理论可以厘清海上搜救活动中国家间合作的法律问题以及国家责任。

最后,以全球环境治理的视角来分析海上搜救行动可能导致的环境损害问题。本书讨论了海上搜救可能引发的环境风险,以及引发环境损害后的环境责任构成、承担、管辖豁免和衡平问题。这种视角能够厘清海上搜救和环境治理交叉之间的疑难问题,一方面尽最大的可能鼓励相关国家参与海上搜寻救助,救助遇险者,另一方面尽可能地维护海洋环境,即使在造成海洋环境损害的情况下,也能厘清责任主体,尽可能地使受损环境得到恢复。

(二)应用价值

一方面,本书的研究能够解决海上搜救立法形式的涣散化现状。针对目前立法的涣散化现状,本书力求全面研究海上搜救的立法问题。在确定我国海上搜救相关立法所应采纳的形式和未来进步走向的基础上,明确该法所应包括的具体制度以及各个制度之间设立的先后次序,最终形成一部完整的建议性文件,为我国立法机关提出明确的制度设计建议。

另一方面,本书的研究能够提升相关实务部门的工作能力。近些年,我国涉海管理体制有较大的调整,然而相关法律规范的出台却相对滞后。由于目前学界的研究比较分散,多数成果无法给相关实务部门提供更多的实质性指引。本书通过对我国海上搜救的国际法问题进行研究,明确相关国际法问题的解决对策与建议以及相关海上搜救管理体制的职能,以期能够在一定程度上指引相关涉海实务部门从事涉海管理活动。

第一章 全球环境治理视阈下海上搜救的法律基本问题

海上搜救是国家针对海上遇险行为所实施的救援活动,也是一国海上运输保障活动中的重要组成部分。海上搜救活动不仅是对海上遇险人员生命安全的维护,更是一国国内以及国际交通运输活动顺利开展的重要支撑。对海上搜救的基本问题进行分析,不仅是研究其他国际法问题的前提和基础,也是我国进行海上搜救立法的必要准备。据此,在全球环境治理视阈下分析海上搜救活动所涉及的法律问题,应当在界定海上搜救之定义的前提下,厘清这一定义与其他相关定义(尤其是海难救助)之间的联系与区别,阐述海上搜救活动的相关法律性质,并提炼开展海上搜救活动及研究其相关国际法问题的理论基础,从而准确把握海上搜救与全球环境治理间的互动关系。

第一节 海上搜救的界定与相关概念比较

以我国法学理论及法律规范为视角研究海上搜救的国际法问题,首先应对海上搜救加以界定。在此基础上,再对海上搜救活动相关的其他活动中易混淆的概念进行系统区分。

一、海上搜救的界定

我国现有的立法中,尚不存在一部效力及于全国范围的"海上搜救法"或是"海上搜救条例",而是以《海上交通安全法》专章、地方性立法、《国家海上搜救应急预案》《营救技术指南》《寒冷水中生存指南》等应急计划或指导手册为依据。所制订的应急计划或指导手册本身更注重技术上的指引和操作,忽略了相关法律名词的确定。因此,海上搜救的定义并未在相关指导文件或法律规范的附录里得以统一界定。然而,我国的学者在对这一问题的研究过程中已经形成了诸多说法，其中部分观点与我国地方性法规和所缔结并加入的国际公约中所给出的定义相切合。通过比较学界对海上搜救定义的不同观点，系统地分析地方性立法及国际公约中所给出的相关概念，笔者尝试对海上搜救定义提出若干思考，进而给出自身的理解及诠释。

（一）海上搜救定义的理论争鸣

从技术层面上分析，海上搜救是搜救主体运用一定的人力和设备寻找和营救海上遇难人员的活动。在理论研究过程中，学者试图从不同的角度对"海上搜救"这一概念进行定义，从而形成对海上搜救的不同界定，比较有代表性的观点主要有以下四种。

第一，事件说。有部分学者认为，应直接将"海上搜救"解释为海上搜寻与救助，并且海上搜救的实施前提应明确为"海难事件或其他紧急事件的发生"[①]。据此，海上搜救是指在我国主管机关的统一指挥和协调下所进行的对海难事件或其他紧急事件的搜寻与救助。赞成这一观点的学者认为，由于海上搜救具有明显的技术性，因此，只要实施前提符合"海难事件或其他紧急事件"，那么海上搜救的定义即可成立，无须过多诠释。

第二，事业说。该观点将海上搜救当作一种国家公共事业看待，认为海上搜救是政府协调一切力量，为海上遇险的各类人员提供搜寻与救助的公益性事业。[②] 这种观点在对"海上搜救"下定义的过程中主要参考的是重要的管理学理论——治理理论。[③] 治理理论强调国家在对某一领域内进行管理的过程中行使控制、引导和操纵行为，并在此范围内行使管理意义上的权威。因此，将海上搜救认定为"国家公共事业"的观点主要是从公共行政管理的角度出发进行定义，是研究海上搜救管理问题的重要定义参考。事业说的定义也是管理学界对"海上搜救"这一概念认定的通说，其对完善海上搜救管理奠定了重要的理论基础。

第三，行动说。该观点认为海上搜救是一种国家行动，是政府协调一切

[①] 杨盘生：《应尽快建立我国海上搜救基金》，载《中国水运》1996年第12期，第34页；还可参见王焕《我国海上搜救情况浅析》，载《天津航海》2010年第3期，第59页。

[②] 黄志球：《治理理论视域下的我国海上搜救管理体制创新》，载《中国航海》2014年第3期，第72页。

[③] Samuelson P A. "The Pure Theory of Public Expenditure", *The Review of Economics and Statistics*, 1954, 36 (4), pp. 387–398.

公共和私有资源，履行遇险监测、通信、展开搜寻工作、确定遇险人员位置，并将其转移到安全地点的国家行动。①"行动说"下的海上搜救与陆上应急救援应属同一定义范畴。根据这种观点，海上搜救是国家应急救援体系的重要组成部分，其本质应是应急救援活动在海洋区域内的重要分支。基于此，海上搜救应最终归于救援实践中，并体现国家在这一领域内的具体行动。

第四，阶段说。"阶段说"是"事件说"的补充和发展，相比后者其划分更加细致。赞成阶段说的学者认为，若要对海上搜救进行定义，则必须将这一概念一拆为二，分别讨论。首先应明确海上搜救是由"搜寻"与"救助"两个阶段构成，在此基础之上对其分别进行定义。②海上搜寻是指搜救主体利用现有的人员和设施定位遇险人员，确定海上遇险人员实际位置的行动；而海上救助则是指在搜寻阶段结束后，搜寻遇险人员任务完成时所提供的救助服务，包括物资服务、医疗服务以及将遇险人员转移至安全地方的服务等。③根据阶段说的观点，"搜寻"与"救助"是两个相对独立的过程，分别定义很有必要，这主要是出于明确搜救主体在不同搜救阶段中职责要求的需要。国家搜救主体在执行搜救任务的过程中，在"搜寻"阶段和"救助"阶段内的职责要求是不同的，不同阶段内的任务安排也存在着明显的区别。因此，要对其进行分别的定义以合理地界定不同阶段的实质搜救任务。

通过罗列界定海上搜救定义的四种不同观点，笔者认为从整体上而言，它们可以分成两大类，其中"事件说"和"阶段说"为一类，而"事业说"和"行动说"是另外一类。针对第一类而言，"事件说"和"阶段说"都直接解释了海上搜救，不同的是后者将定义进行了分解。这一类定义并没有从属性上对海上搜救进行诠释，而采用了较为直接的方式将海上搜救单一的理解成海上搜寻与救助。相较而言，"阶段说"会比"事件说"表述得更为细致，它倾向于将海上搜救这一概念从两个不同的搜救阶段进行解释，即搜寻是一种行为，而救助又是另外一种行为，不可同类并行的存在于一个概念之

---

① 刘刚仿：《论海难救助的客体》（博士学位论文），对外经济贸易大学2006年，第27-30页。

② 罗秀兰、孙展望：《海上人命救助制度模式之反思》，载《政法学刊》2011年第2期，第25-29页。

③ 于杰：《国家主管机关海难救助法律问题研究》（博士学位论文），大连海事大学2013年，第110页。

中。相反，"事件说"就更为统一化，它认为不管是搜寻还是救助，它们都可统称为海上搜寻与救助，无须进一步拆解。针对第二类定义而言，"事业说"和"行动说"都在定义中对海上搜救的属性进行了综合性的诠释，只是前者侧重于公益性事业，后者侧重于国家性行动。与第一类定义所不同的是，第二类定义角度更希望能够给海上搜救这一定义一个明确的性质，而不是仅仅将它的意思直接体现在定义之中，故而这种定义方式在第一类定义方式的基础上又前行了一步。然而，"事业说"和"行动说"在属性上选取的角度存在一定的差别，前者强调了它的非营利性，而后者则从主体上表达了海上搜救行动的国家性。因此，在第二类定义上两者之间也有一定的差别。

（二）海上搜救定义的立法分歧

在我国现有的国内立法及我国所缔结并加入的国际公约中，对海上搜救的定义也不统一，这种不统一性主要体现在我国立法与所缔结并加入的国际公约中。无论是我国的国内立法，还是现今的国际公约，它们在描述海上搜救这一定义时并没有一致性地选取某一个具体的学说，而是存在以下两个分歧。

第一，采行动说。在我国相关立法中，虽然不存在一部全国范围内统一的海上搜救法或海上搜救条例，但在《海上交通安全法》中单列专章规定了海上搜寻救助活动。该法虽未对海上搜救进行定义，但从条文的用词可以看出，该法认为海上搜救是一种针对海上事故或者险情的应急行动。[①] 此外，在一些沿海省份与搜救活动相关的地方性立法中也采纳了行动说的观点。例如，《广西壮族自治区海上搜寻救助条例》中对海上搜救的定义符合行动说观点对其的界定，根据该法规定的精神，海上搜寻与救助是一种突发事件，并且在这一事件发生之下相关机构组织会采取一定的行动以确定遇险人员的位置，并救助遇险人员。[②]

第二，采阶段说。在我国所缔结并加入的国际公约中，《搜救公约》所采纳的即是阶段说的观点，这与我国立法的采纳方式有明显的区别。《搜救公约》规定：搜寻是指通常由救助协调中心或救助分中心协调的、利用现有

---

① 参见《中华人民共和国海上交通安全法》第六章。
② 参见《广西壮族自治区海上搜寻救助条例》第一章第二条；《江苏省水上搜寻救助条例》第二条也有类似的规定；除此之外，海南省、上海市制定的相关法规法例中也有类似的规定。

的人员和设施以确定遇险人员位置的行动；而救助是指拯救遇险人员，为其提供初步的医疗或其他所需要的服务，并将其转移到安全地点的行动。①《1989年国际救助公约》（以下简称《救助公约》）中"定义"部分就对救助另外做出了扩大化的规定，将救助的对象扩及至船舶及其他任何财产和行为的活动。② 据此，我国《国家海上搜救应急预案》中"附则"部分也对该定义中涉及的"突发事件"有更为详尽的解释。③

通过列举目前立法上关于海上搜救的几种定义可知，我国立法侧重于将海上搜救的定义落脚于"行动"，以凸显海上搜救的国家性。因此，从我国立法的角度来分析海上搜救的定义，可知海上搜救的本质是一种国家行动，其范畴不应背离"应急救援"，只是所涉及的地域存在"陆地"与"海洋"之间的区别。因此，我国立法关于海上搜救的定义态度是寻求某一个共通点，尽可能地通过一个定义将存有子概念的"海上搜救"予以完整的表述，而不再是以分支概念的方式定义。

与我国立法态度所不尽相同的是，相关国际公约对这一问题采取的是另外一种截然不同的理论学说。通过列举《搜救公约》这一主要的规范性文件可知，这些国际公约采纳阶段说的定义，不仅表现为将定义分解成两个较为独立的子概念，还将搜救工作的程序表述于每个不同的阶段中，表述更为具体细致。④ 据此，我国立法与国际公约之间就在"行动说"和"阶段说"之间产生了较为明显的不同。因此，即使是规范性文件，在定义海上搜救时观点也并不一致。

（三）关于海上搜救定义的再思考

通过对各种不同来源的定义所进行的评价，笔者认为，事件说与事业说两个理论不能作为法学意义上的海上搜救定义的依据。一方面，事件说仅以满足技术上的需要即可的思维过分地排斥对海上搜救进行系统的定义，这种做法对系统地从法律上调整并规范海上搜救活动没有帮助。由于在定义方式上事件说相关理论采纳的是较为直接且技术性较强的表述方式，其并不是一

---

① 参见《搜救公约》第一章。
② 参见《1989年国际救助公约》第一章第一条（a）部分。
③ 参见《国家海上搜救应急预案》附则8.1之"名词术语和缩写的定义与说明"中的（1）部分。
④ 参见《搜救公约》1.3。

种法律意义上的定义,同时这种定义也没有把海上搜救的法律属性表述清楚,而不问这种法律属性是处于国内法维度之中,还是国际法维度之上。除此之外,事件说观点所要求的符合"海难事件或其他紧急事件"需要进一步进行解释,同时其最终定义的落脚点也没有把海上搜救活动的本质凸显出来。因此,事件说理论不应作为一个系统的定义参考。另一方面,事业说理论的问题主要在于其定义本身已属其他学科领域。事业说理论中相关定义的来源取自管理学中的治理理论,它已经成为一种管理学意义上的定义,故而海上搜救活动定义的视角似乎更多的与管理学学科领域相切合,本身不侧重于从法律的角度出发对其进行定义。本书是要从全球环境治理的视角下研究海上搜救活动的相关法律问题,对其他学科领域内的定义应该要持有审慎的态度。因此,直接照搬管理学意义上的定义并不是一种妥当的做法,故而本书认为不宜采纳上述两种定义的思路和方法。笔者认为,应分别辩证地汲取"阶段说"与"行动说"中可取的部分,"去其糟粕,取其精华"。具体而言,本书认为,海上搜救是指以政府部门或有关当局为领导主体,对因海上突发性事件所造成的人员遇险或包含人员遇险在内的其他财产损失危机所采取的定位、援救、转移等措施方式的国家公益性行动。这一定义是由以下几项具体的要素所构成。

1. 海上搜救的领导机构

重新对海上搜救定义,首要指明的应是其领导机构,事实上,无论是《搜救公约》抑或是我国《海上交通安全法》,都强调了海上搜救领导机构应是一国政府或有关当局。① 另外,随着现代海上搜救力量发展多元化的趋势不断增强,外界难以对海上搜救的具体实施主体进行系统的归类。因此,在定义之中体现海上搜救的领导机构,能够起到明确的引领作用。

2. 海上搜救的实施对象

海上搜救的对象应是遇险人员,或包含其他相关财产损失,或包含人员遇险救助在内的其他财产损失危机。明确海上搜救的实施对象是确定海上搜救定义要求之所在,也是区分海上搜救与海难救助的重要方式。对人员遇险的救助是国家海上搜救的核心任务,也是《搜救公约》的要求。由于海上搜救的完整表述应为"海上搜寻与救助",因此,需考虑定义的严谨性,避免

---

① 《搜救公约》中确定搜救服务的基本要素包含了"负责搜救的当局",即为一国的政府部分。也可参见《海上交通安全法》第六十八条。

完全孤立财产损失，对海上搜救的实施对象应理解为"对人员遇险的救助或包含人员遇险在内的其他财产损失危机救助"。其中，对"包含人员遇险在内的其他财产损失"的救助实质是指人员遇险及财产遇险同时发生情况下的共同施救，且这种共同施救不仅要包括人员救助，还必须以救助人员遇险为核心。

3. 海上搜救的实施程序

现有国内立法、国际公约中对海上搜救的实施程序的表述为：搜救程序应体现在其定义中，《搜救公约》更为强调这一点，以至于将海上搜救划分为两个概念并分别定义。但海上搜救与海上搜救程序是完全不同的两个概念，不能混淆。因此，海上搜救程序在被纳入海上搜救这一概念中时，我们应择其主要程序体现在定义之中，避免过于支解概念，将其简洁呈现，故笔者在重新定义的过程中将其阐述为"采取的定位、援救、转移等措施方式"。

4. 海上搜救的本质

在对某一概念进行定义的过程中，我们必须有一个落脚点，对海上搜救的本质理解，笔者赞成"行动说"，即海上搜救的本质是国家领导下的一种行动，而并非一种事业或是阶段，更不是一般意义上的海难救助。但同时需要明确的是，海上搜救应具有国家公益性，并非以营利为目的，亦不是其他主体的公益活动。因此，海上搜救定义的最终落脚点应是一种国家公益性活动。

二、厘清海上搜救与其他相关概念

在与海上搜救活动相关的其他活动中，海上搜救这一概念易与其他相关概念相混淆，需要进行系统的区分。从定义来看，海上搜救与海难救助、海上搜救与海上搜寻/救助、海上搜救与海上人命救助容易存在概念上的混淆，而厘清这些差别是明确海上搜救活动的性质和界定海上搜救活动范围的重要前提。

（一）海上搜救与海难救助

海上搜救与海难救助的概念是最易混淆的，其易混淆的原因是搜救与救助近似，这就使海上搜救与海难救助之间从形式上看存有些许相似之处，但若要从国际法的角度出发对海上搜救的相关法律问题进行研究和分析，两个概念之间就有不同。据此，我们应该在强调两个概念共通之处的同时，从不同角度进行比较，以厘清它们之间的联系与区别。

笔者认为，海上搜救与海难救助是被包含与包含之间的关系，海上搜救是一种特殊意义上的海难救助。海难救助是指通过外来力量对遇难船舶、人命或货物所实施的救助，而针对这一概念，海上搜救的范畴则蕴含在海难救助之中：救助过程中的外来力量指代国家主管机关这一特定主体，而搜救的对象特指对人命的救助，而不考虑整个搜救活动中是否同时救助了相应的财产。① 因此，从这一角度出发，海上搜救的范畴是纳入海难救助之中，并形成一种包含与被包含之间的关系。然而尽管如此，海上搜救与海难救助这两个概念之间仍然存在一定的区别。

首先，海难救助与海上搜救实施主体的广度存在差别。根据《中华人民共和国海商法》（以下简称《海商法》）的规定，海难救助适用于在海上或者与海相通的可航水域，对遇险的船舶和其他财产进行的救助。② 而在面对救助人命的情况下，船长在不严重危及本船和船上人员安全的情况下，有义务尽力救助海上人命。因此，海难救助的主体不仅可以包括国家主管机关，还可以包括船长等私人主体，其泛指一切外来的救助力量。然而，海上搜救的主体指代的是国家主管机关对海上遇险人员的救助，个人在未经国家授权或指派的情形下无法单独自主的成为海上搜救的国际法主体。另外，笔者在对海上搜救进行定义的过程中明确强调海上搜救是一种对人员遇险的救助，即使存有财产救助也必须要以人命救助为前提，不能本末倒置，进而将海上搜救与财产性的救助等同。③ 因此，从海上搜救与海难救助的实施主体上来看，它们存在广度上的差别，轻易地将两者混为一谈的做法不利于从国家层面分析海上搜救的国际法问题。

其次，海难救助与海上搜救的研究角度存在一定的差别。海上搜救的实施主体是一国政府或有关当局，在实施搜救的过程中可能涉及国家与国家之间的搜救合作，这种合作包括了搜救责任区的建立、船舶执行搜救任务时的通行、国家程序合作机制的创立等。诚然，这些问题只依据《海商法》下"海难救助"中的相关制度并非能得到解决。海难救助是对全部或部分遭遇

---

① 司玉琢主编：《海商法》，法律出版社2007年版，第130页。
② 司玉琢主编：《海商法（第三版）》，法律出版社2012年，第293页；同时参见《海商法》第一百七十一条：本章规定适用于在海上或与海相通的可航水域，对遇险的船舶和其他财产进行的救助。
③ 初北平主编：《新编海商海事法规精要》，大连海事大学出版社2009年版，第547页。

海难的船舶、货物和客货运费所进行的救助，其本质是私法下的一项制度，并且伴随计算和衡量报酬等私法问题。因此，如果不假思索地将两个概念等同不做区分，就无法从国际法的角度准确地认识海上搜救这一概念，以及厘清所要研究的具体内容。

最后，海难救助与海上搜救两者的法律属性也存在一定的区别。海上搜救是一国政府实施的救援活动，其搜救费用由各级财政支持，不得向遇险人员收取相关的报酬，其属于政府公共性、公益性的搜救活动。[①] 但海难救助却是以遇险人员支付相关报酬为代价，并以此鼓励海上救助行业的发展，这种报酬是通过国际条约和各国法律赋予施救方的报酬请求权予以确定的。[②] 因此，海上搜救与海难救助之间存在性质上的区别，而这一属性上的区别则意味着两个概念不能完全地等同。

（二）海上搜救与海上搜寻/救助

海上搜救与海上搜寻/救助的概念易混淆，其混淆的原因是"海上搜救"这一概念的整体性与"海上搜寻/救助"这一概念的局部性之间的矛盾。然而，尽管如此，海上搜救与海上搜寻/救助之间也存在着相应的联系和区别。

从技术上看，海上搜救与海上搜寻/救助两个概念之间的区别并不明显，其联系十分紧密。从搜救技术或搜救程序来观察，海上搜救本身就包含了搜寻与救助这一整套连贯的动作，而在部分情形下，海上搜救与海上搜寻或海上救助之间是相等同的。例如，如果遇险人员的定位状况无法被搜救国准确获知，那么搜救国将处于不断的搜寻阶段，直到遇险人员被发现前，这种搜救事实上都只是搜寻。像类似于"马航MH370"搜救活动这类事件，由于无法真正地识别遇险人员的位置，这场海上搜救在一段时间内将几乎是处于搜寻的过程之中。同样，如果搜救国本身已经准确定位了遇险人员，搜寻阶段就会自动转为救助阶段，海上搜救就变成了搜寻与救助这一整套连贯性的行动。

然而，海上搜救与海上搜寻/救助之间也存在较为明显的差别。一方面，从基本概念出发，海上搜救是国家作为搜救主体所从事的包括搜寻与救助在内的一个相对统一的概念，其实质内容包括采取定位、援救、转移等措施，而海上搜寻/救助实际上可完全的分为海上搜寻与海上救助两个阶段。海上

[①] 参见《国家海上搜救应急预案》第7部分"应急保障"。

[②] Christopher Hill. *Maritime Law*, 6th. edition. LLP, 2003, p. 336.

搜救活动主要侧重对遇险人员的寻找、追踪，而海上救助主要是指在确定遇险人员位置之后为拯救人员所必须采取的后续措施，包括转移人员并提供相应的物资和医疗救助，而此时的遇险人员的生命体征已经基本稳定。因此，海上搜寻往往是一种前置程序，而海上救助往往更多侧重于搜救的善后程序和后续治疗。另一方面，海上搜救与海上搜寻/救助之间的法律属性也有一定的差别。基于海上搜救这一完整的概念形态，它往往特指的是以政府部门或有关当局为领导主体，对因海上突发性事件所造成的人员遇险或包含人员遇险在内的其他财产损失危机所采取的定位、援救、转移等措施方式的国家公益性行动，而海上搜寻/救助这两个概念已经被支解，无法具备特指政府部门或国家主管机关为主体，任何主体或单位进行搜寻或救助的行为都可以被视为一种海上搜寻或救助的行为，其范畴就显得更为宽广而缺失了特指的能力。

据此，海上搜救与海上搜寻/救助之间存在着必要的联系与区别。海上搜救是海上搜寻与海上搜救的综合形态，它们之间可详述为整体与局部或是过程与结果之间的关系，海上搜寻/救助之间的任何一个单独的概念都是海上搜救的子概念，其相关工作内容及职责要求也是海上搜救活动的要求之所在。

（三）海上搜救与海上人命救助

海上搜救是对因海上突发性事件所造成的遇险人员所实施的搜救活动，海上搜救的本质是对遇险人员的救助，是海上人命救助的重要表现之一，它与海上人命救助这一概念之间也存在着诸多的联系与区别。

海上搜救与海上人命救助之间都不将对财产的救助行为视为第一要义，都关注对人的救助。海上搜救以救助遇险人员为第一要义，救助财产是附属或次要的行为，而海上人命救助也强调对人命的救助，它可能不涉及财产，也可能是在救助人命的同时附带避免对财产的损害，而不强调积极主动的救助相关的财产。因此，从这一点上出发，两者具有一定的联系。然而，海上搜救与海上人命救助的两个概念之间仍存在诸多的差别，具体而言主要有以下两点。

第一，海上搜救与海上人命救助的主体存在区别。海上搜救活动的实施主体较为狭窄，是以政府部门或有关当局为领导主体实施的救助，从而排除了自然人、法人或其他组织能够成为海上搜救活动主体的可能性，即使有自然人、法人或其他组织的参与，也是服从或在国家领导之下，不可能单一地成为国际法上的搜救主体。海上人命救助的主体则包括了国家实施救助活动，同时也包括海难救助中"姊妹船舶"的救助，遇险船舶船长、船员、引航员、乘客等主体对本船或其他船舶上的人员遇险情形实施的救援。因此，海上人命救助的主体十分广泛，只要能够对海上遇险人员实施救助行为，无论是国家、自然人、法人，抑或是其他组织都可以成为海上人命救助的主体。

第二，海上搜救无报酬，而海上人命救助却可以在同时对财产救助下考虑救助报酬。海上搜救本质是一种公益性的行动，这一属性就排斥报酬的约定。国家海上搜救主体对遇险人员实施海上搜救，并不以遇险人员给的报酬为代价，为救助遇险人员而支出的必要成本也不由遇险人员承担。然而，由于海上人命救助的救助主体并不是国家主管机关，并且在海上人命救助的过程中常常存在对财产的救助，为此，在计算救助报酬时救助主体会考虑在救助人命时所表现的技能和所做的努力，救助方可以在救助款项中获得合理的份额。[①]

第二节 海上搜救活动的法律属性

海上搜救活动的法律属性，具体是指海上搜救活动在国际法层面的基本属性。虽然国家主管机关从事海上搜救活动这一行为能归纳出一些一般的国际法性质，并且这一性质能够适用于任何海域的搜救行为，但是在不同海域内从事海上搜救活动时，其国际法属性也会存有一定的差别。

一、海上搜救活动的一般国际法性质

海上搜救活动的一般国际法性质，是从国际法意义上出发，搜救主体所从事的海上搜救活动本身所固有的性质，且这种性质不以国家管辖水域范围的不同而转移。因此，海上搜救活动的一般国际法性质主要是指海上搜救活动的国家性，具体包括以下两个方面的内容。

第一，因海上搜救活动所产生的搜寻与救助行为应归于国家行为。国家性是海上搜救的主体性质，其本质指海上搜救活动是一种国家行为。这即表

---

① 参见《中华人民共和国海商法》第一百八十五条。

明，海上搜救的主体必须是国家或者由国家所领导的其他主体。这主要源于搜救国实际上直接或间接地参与海上搜救活动。在海上搜救的国际法领域内，国家是正常的国际法主体，但是国家可以据此把所享有的具体权利交付于个人或其他组织，而在这个限度内使他们替代国家行使某项具体的权利。①在搜救实践中，国家可能直接参与国际性的海上搜救活动，可能将其交付于其国内的社会组织或其他社会力量共同协作救助而自身对其进行领导，也有可能将其交付于与其他国家共同成立并结合的某种国际性搜救组织而自身参与其中共同搜救。②因此，海上搜救活动的本质是一种国家行为或是一种在国家领导下的行为，而无论是哪一种情况，都不能否认海上搜救活动主体的国家性。

否认搜救活动的国家性可能会与海难救助相混淆。如果海上搜救活动不具有国家性，反而能够私人化，或是脱离国家领导的自治化的搜救主体，那么该主体所从事的搜救活动可能会受到《海商法》中"海难救助"的规范调整，例如，根据《海商法》的规定，商船船长在航行期间可以救助海上人命。这些主体可能是私人船舶（如姊妹船），也可能是本船自然人（如船长、船员、引航员或船上的旅客），也有可能是专业的海上救助公司。但无论这些主体是何种形式，它们始终都属于社会救助力量，而这些救助力量虽然可以从事海难救助活动并获得相关的救助报酬，或从事救助海上遇险人员并获得社会荣誉或表彰，但若这些社会力量要参与国家间的海上搜救活动（如类似"马航MH370事件"搜救活动）时，就必须要在国家的领导或指挥下进行，其本质仍要回归搜救活动的国家性。

第二，因海上搜救活动所产生的搜寻与救助行为要由国家指挥或控制。所谓由国家指挥或控制的行为，是指主体是按照国家的指示或在其实际指挥或控制下行事，其行为应视为国际法所指的一国的行为。③这一要件与"海上搜救"的定义相契合，也与这一定义之中所体现的"行动说"观点一致。从某种意义上说，国际法中的海上搜救活动不能存在完全脱离国家性的一种纯私人化，或是纯自治化的国际性搜救组织。一方面，大型的国际海上搜救

---

① Oppenheim. *International Law*, Oxford University Press, 1952, pp. 114–115.
② 在第三种可能中，这种国际性的搜救组织应被视为一种各国的结合体，是根据主权国家间的协定而组成的，其存在不能否认海上搜救活动的国家性。（参见周鲠生《国际法（上册）》，武汉大学出版社2007年版，第61页。）
③ 参见《关于国家对国际不法行为的责任条款草案》第八条。

活动所耗费的成本巨大，其往往不是国际社会上某单一的个人或私人组织所能承担，即使是某个国际组织承担这种海上搜救行为，其内部的成员往往也是国家；另一方面，不受国家指挥或控制的海上救助可能不属于海上搜救行为。从组成和专业性来看，搜救力量可以分为指定的搜救单元、专业搜救单元以及其他搜救设施三类。① 指定的搜救单元和专业的搜救单元往往是来自政府各主管部门和私人企业的人员，而其他的搜救单元甚至还包括了商船、渔船、游艇、小型船只、志愿者组织等。② 然而，尽管搜救力量本身存在主体上的多元化，但如果从国际法意义角度出发，这些搜救单元就不能只按自己的搜救规划或意志从事海上救助活动，它们的行为要由国家指挥和控制。尽管海上搜救力量的组成呈现多元化态势，多种搜救力量组成中的非国家搜救力量也被鼓励加入国际海上搜救的队伍之中，但是这些主体从事海上搜救活动时不能任由其所为而忽略国家主管机关的统一领导。

二、领海内的海上搜救所体现的国际法性质

领海是一条与海岸平行的延伸到离海岸一定距离的海水带，根据《联合国海洋法公约》的相关规定，一国对其领海享有除受无害通过限制的完全主权，且及于其上空、海床和底土，是国家领土的组成部分并受国家主权的支配与管辖。③ 任何国家都不能在沿海国未经允许的情况下，擅自进入其领海开展搜救活动，尽管这种搜救活动并不一定会破坏沿海国领海安全并且搜救国是本着人道主义精神开展救援。从这一点出发，领海内海上搜救所体现的国际法性质主要有以下两点。

第一，主权性。领海范围内的国家海上搜救活动具有明显的主权性，是一国行使其主权的行为。④ 在搜救实践中，该性质的具体表现有如下两个方面：其一，他国的不可干涉性。如果海上搜救活动所发生的涉事海域属一国领海范围内，则沿海国有搜救义务，并且沿海国的领海搜救活动不得受其他国家的干涉。据此，他国不能在未有相关条约保障的基础上或未经沿海国同

---

① Stuart Kaye, Lowell Bautista. "The Naval Protection of Shipping in the 21st Century: an Australian Perspective", *Australian Maritime Affairs*, 2011 (34), pp. 47-48.

② 王玉宁：《论国家主管机关从事或控制下的海难救助》，载《世界海运》2013年第6期，第44-45页。

③ 薛桂芳：《联合国海洋法公约与国家实践》，海洋出版社2011年版，第10页。

④ 参见周鲠生《国际法（上册）》，武汉大学出版社2007年版，第317页。

意的基础上，单方面派遣本国的搜救人员径直进入沿海国领海展开搜救活动。以"马航MH370事件"搜救活动为例，印度就委婉地拒绝了中国军舰进入印度领海搜寻失联飞机并参加海上搜救活动，而中国也并未在没有获得印度方面许可的前提下，径直地将搜救船舶驶入印方的领海。① 其二，他国的容忍性。如果遇险事故的地点发生在一国的领海地区，那么即使遇险人员是其他国籍人员，遇险人员的国籍国也要尊重沿海国的领海的主权，在可能的情况下只能加强与沿海国之间的沟通与协商，敦促他们尽快救助海上遇险人员。

第二，自主性。自主性特指的是沿海国可根据本国的实际需要对领海范围内的搜救活动设置相关的规范，而无须与其他周边的国家协商，但是这些规范不能不合理地干涉其他沿海国对领海的合法的管辖与控制。自主性这一属性源于沿海国基于领海搜救活动的主权性，也是沿海国对领海行使主权的派生性性质。这种自主性意味着沿海国可以出现以下几种行为：首先，沿海国可以派出本国的搜救力量执行海上搜救任务。在领海范围内，沿海国的商船、军舰和政府公务船舶都可以按照本国的意志自由地执行海上搜救任务，其他国家不能进行非法干涉。只要本国的船舶符合所制定的航行规则或其他相关的规范，沿海国搜救力量执行海上搜救任务的行为就应该受到合法的保护。其次，制定本国与搜救活动相关的法律法规。沿海国可以根据本国自身的法律传统和现实需要，在领海范围内制定一系列的法律法规，这些事务完全属于一国内政而不容干涉，故而沿海国可以在不阻碍他国船舶无害通行本国领海的前提下，自由制定相关的规范，以确保领海搜救行动有条不紊地进行。最后，依本国搜救力量的分布自主划分海上搜救责任区。沿海国可以根据自身海岸线分布，在领海范围内自主划分海上搜救责任区，且这种海上搜救责任区是单方的。根据实际搜救需要，沿海国可以在不同的海上搜救责任区范围内设置不同的名称和规范，派遣不同的搜救力量投入救援。

三、专属经济区内的海上搜救所体现的国际法性质

与领海内海上搜救活动性质所不同的是，沿海国在专属经济区内所享有

---

① 《马航飞机失踪最新消息：印度婉拒中国军舰进入领海搜寻失联飞机》，见观察者网（http://www.guancha.cn/Neighbors/2014_03_21_215770.shtml），最后访问时间：2024年1月27日。

的权利虽然是一种主权权利（经济意义上的主权权利），但这并不意味着沿海国对专属经济区享有与领海相同的主权。① 因此，专属经济区实质是一个自成一类，享有列明的有限事项的行使特定权利。② 然而，沿海国于专属经济区内的海上搜救活动在《联合国海洋法公约》之中并未明文列出，只是认为该活动应属于国家的一项权利。因此，对沿海国专属经济区内海上搜救活动的国际法性质存在两种不同的说法。

第一，沿海国专属经济区内海上搜救活动应具有自发性。沿海国没有在专属经济区实施搜救活动的义务，同样由于《联合国海洋法公约》并无相关的直接授权，因此沿海国于专属经济区内实施海上搜救活动的性质既不是一项权利，也不是一项义务，而只是一种自发性的人道主义救援行为。③ 主张这一立场的判决更倾向于认为沿海国在专属经济区内从事搜救活动需要有相关的法律的直接授权，否则仅凭《国际海上人命安全公约》的规定以及《搜救公约》的规定就认定沿海国在专属经济区有救助人命的义务实在过于牵强。④ 这是因为，《国际海上人命安全公约》中仅强调了"负责区域"，而根据《搜救公约》的相关内容，这一负责区域应该是指海上搜救责任区，而这一概念与专属经济区本身是存在差别的。

第二，沿海国在专属经济区范围内毗连区部分的搜救活动具有义务性。从海域范围这一角度而言，毗连区是从领海基线往海一面量起不超过24海里，其在专属经济区范围之中。而《联合国海洋法公约》对毗连区的规定更类似"治安控制空间"，即一国有权采取措施维护本国毗连区内的安全，有义务对毗连区内发生的危及人身及环境安全的行为实施救助。⑤ 与前一观点不同的是，该观念认为沿海国在专属经济区范围内从事搜救活动具有义务性的根基在于毗连区的治安控制延伸。既然一国在本国毗连区范围内有相应的

---

① 邹立刚：《论国家对专属经济区内外国平时军事活动的规制权》，载《中国法学》2012年第6期，第51页。

② 杨瑛：《专属经济区制度与军事活动的法律剖析》，载《社会科学辑刊》2017年第9期，第118–124页。

③ 参见国际海洋法法庭在the "M/V 'SAIGA'" 案中的判决：一国在专属经济区内的权利与职权受到《搜救公约》的限制，且这种限制应具有目的性与范围性。

④ 相关的论证，可参见马金星《海上交通安全维护中的法律问题研究》（博士学位论文），大连海事大学2015年，第66页。

⑤ 邹立刚：《论国家对专属经济区内外国平时军事活动的规制权》，载《中国法学》2012年第6期，第51页。

安全保障义务，而毗连区又属于本国专属经济区范围，那么说本国专属经济区内一国搜救活动不具有义务性似乎是一种自相矛盾的说法。

笔者赞成第二种说法，并认为沿海国于专属经济区内实施海上搜救活动的行为应是一种义务性行为。这表明沿海国专属经济区内海上搜救活动的本质是一种国家义务，而并非一种国家权利。需要指出的是，专属经济区内海上搜救活动的义务性是相对于有管辖权的国家而言，而对于其他搜救国或搜救主导国所提供的人道主义性援助则不在义务性的范围内。笔者认为，专属经济区内海上搜救活动具有国家义务性，可以从以下两个方面阐释。

第一，该义务对应着国家对个人或管辖海域采取安全措施的权利，证明在专属经济区内进行海上搜救活动是一种义务，其思路之一在于确认其所对应的权利。权利和义务是相辅相成、不能截然分开的。[①] 虽然《联合国海洋法公约》并未直接将专属经济区内的搜救义务赋予沿海国，但根据规定，在其专属经济区内沿海国有权利建造并操作使用人工岛屿以及其他出于经济目的的设施及结构，并对其享有行政管辖权，包括对海关、财政、卫生、安全和移民等方面的管辖权。另外，《联合国海洋法公约》也明确强调，沿海国可以设置合理的安全地带，保证船舶航行及人工岛屿、设施和结构的安全。基于这种管辖权，一国有权利在专属经济区范围内采取必要的安全措施（如构筑防护物），以保证相关设施及船舶航行的安全。[②] 因此，在专属经济区所设立的安全地带范围内，国家便要履行保护海上人员、船舶及其他设施安全的义务，这也意味着当发生海上人员遇险事件时，国家要及时地实施救助，否则这种所谓的管辖权以及采取安全措施的义务便形同虚幻，没有任何意义。[③]

除了专属经济区所设立的安全地带范围之外，可能有一部分专属经济区并没有设立安全地带。尽管如此，笔者认为享受专属经济区范围内主权的沿海国不能据此表明自身对其余的部分不承担搜救的义务。即使没有设置安全带，沿海国也能根据《联合国海洋法公约》中的相关规定对这部分区域享有经济上的主权，只要这部分区域是属沿海国的专属经济区范围内。在这样的

---

① 周忠海主编：《国际法》，中国政法大学出版社2008年版，第332页。
② 参见《联合国海洋法公约》第60条。
③ Sam Bateman. "Hydrographic Surveying in the EEZ: Differences and Overlaps with Marine Scientific Research", *Marine Policy*, 2005, 29, pp. 163–174.

情况下，沿海国会派遣相关人员以操作一定的设备或抵达指定的专属经济区特定区域充分行使其经济上的权利。据此，如果沿海国在不设立安全地带的情况下就表明对这部分区域内的事故不承担救助义务，却要同时享有这部分区域内的经济上的主权，还要鼓励其他国家人道主义救援加入而帮助本国自身行使这部分经济上的主权，以避免海上遇险事故的发生。这种思路和想法实难在《联合国海洋法公约》中，甚至是在人文主义精神理念中找到足够的说服理由。

第二，该义务是海上搜救责任区的现实反映，证明海上搜救活动是属一种义务，其思路之二在于其所形成的责任关系。尽管海上搜救责任区与一国的专属经济区并不必然的发生重叠，但是一般而言国家不会将本国的专属经济区置于海上搜救责任区的范畴之外，例如在我国《海上交通安全法》中明确提及的一个概念——"海上搜救责任区"，它是指由一搜救机构所承担的处置海上突发事件的责任区域。我国公布的海上搜救责任区的范围为：124°E以西的渤海和黄海海域，126°E以西的东海海域，120°E以西、12°N以北的南海海域，总面积约为300万平方公里，且此范围已经涵盖了我国的专属经济区。① 其他国家，如日本和美国所缔结的《日美海上搜救协定》将搜救责任区扩展的范围覆盖到了广大的太平洋地区，远远超过了本国专属经济区的范畴。据此表明，国家在专属经济区范围内，有关机关需要履行处置海上突发性事件、及时救助海上遇险人员的职责，以维护搜救责任区域内的海上安全，若未履行这项职责，有关机关会承担相应的后果，即法律责任。由于法律责任首先表示的就是一种因违反法律上的义务关系而形成的责任关系，因此在海上搜救责任区范围内的搜救活动实质即是一项国家义务而非一项权利。②

如果将专属经济区内国家的海上搜救活动视为一种权利，那么当一国与另外一国缔结搜救协定并划定搜救责任区时，就会产生矛盾。因为在划定搜救责任区时，搜救责任区内的缔约国就要履行在本搜救责任区范围内救助海上遇险人员的义务。一般而言，即使搜救责任区与专属经济区之间不发生完

---

① 数据资料来源于《中国海洋统计年鉴（2012年）》；王杰、李荣、张洪雨：《东亚视野下的我国海上搜救责任区问题研究》，载《东北亚论坛》2014年第4期，第16－24页。

② 张文显：《法理学（第三版）》，法律出版社2007年版，第194页。

全的重叠，本国专属经济区也很难完全游离于搜救责任区的范畴之外，这就导致面对本国专属经济区时会称之为行使搜救权利，而面对搜救责任区时会称之为履行搜救义务，其结论在专属经济区与搜救责任区重合的地域时就明显是自相矛盾的。因此，从反面角度来分析，在海上搜救责任区范围内的搜救活动实质即是一项国家义务而非一项权利。

另外，沿海国于专属经济区内的搜救义务，并不意味着对他国救援力量的排斥。在不危害本国专属经济区安全的前提下，沿海国无权反对他国搜救力量的加入，即无权反对他国进行人道主义救援。因此，专属经济区内海上搜救活动性质的特殊即在于它兼具义务性与人道主义救援性。本国搜救的一般性质是义务性，加入的外国搜救力量具有人道主义救援性，人道主义救援体现着对人的关怀和对生命的尊重，是国际社会普遍的共识。对平等的人类的帮助和扶持，为了人类共同的和谐和生存产生的无私奉献的行为，是一种道义上的援助，也是现代搜救发展中所不可或缺的重要力量。

四、国家管辖水域范围外的海上搜救的国际法性质

国家管辖水域范围外的海上搜救活动，即指国家于公海内的海上搜救活动。由于公海不在任何一国的地域管辖范围内，因此，笔者认为，与国家管辖水域范围内海上搜救的国际法性质不同的是，公海范围内国家海上搜救活动的国际法性质主要有以下三点。

第一，属人性。公海并不属于任何国家的管辖海域，因此，公海范围内的海上搜救具有明显的属人性。从国家与遇险个人之间的关系来看，如果海难事故发生于公海领域，一国便可以通过与遇险人员之间的国籍联系确立国家对遇险人员的属人管辖权。基于此，国家便有权利采取措施保护遇险人员的安全，所对应的就有义务对属于本国国籍的遇险人员实施救援。因此，无论从何种角度出发，只要一国通过属人管辖与海上遇险人员构建起某种联系，海上搜救活动便成为一项属于管辖国本身的国家义务。在现今大面积公海领域仍未被形成或被认可为海上搜救责任区的前提下，遇险人员国籍国的救援发挥着重要的作用。

第二，协定性。协定性作为公海范围内国家海上搜救活动的性质之一，主要是指在公海海域内已经形成搜救责任区内的缔约国而言的。协定性是指公海范围内的广泛区域需要国家之间通过协定的方式形成海上搜救责任区，并尽可能地通过国家合作以救助海上遇险人员。这一性质既来源于公海的自

由性、非主权性，又来源于搜救实践活动的现实需要。现代搜救技术的发展要求国家对海上搜救的范围应扩及公海，并且要提升公海搜救的能力，国家公海搜救活动的协定性主要体现于搜救区域的协定性。① 根据《搜救公约》中的规定，各当事国单独地与其他国家合作，在每一海区建立足够的搜救区域，并应尽可能地达成协议。② 因此，一国在公海范围内实施海上搜救活动，可能是基于属人管辖并进而确立自身的搜救义务，也可能是基于自身与其他国家的搜救协定进而展开的国际搜救行动。

第三，自发性。与协定性原则相对应，自发性作为公海范围内国家海上搜救活动的性质之一，主要是相对于道义性提供搜救援助的国家而言的。自发性是指公海范围内的海上搜救活动需要更多的国家自发地参与搜救，即国家在公海范围内实施搜救更多出于自身的人道主义。自发性作为国家公海范围内海上搜救活动的重要性质之一，其产生的原因是在公海范围内形成的海上搜救责任区的匮乏。在当今海上遇险事故时有发生的情况下，沿海国家之间的搜救合作往往较为松散，国家间缔结并形成的海上搜救责任区往往面积较小，并未广泛的覆盖至公海区域（如我国南海以南的广大太平洋海域），即使存在着海上搜救责任区，在其范围内的缔约国数量也较少，搜救实力和搜救的力度及程度往往也十分有限。在这种情况下，人道主义救援国的参与对于减少海上遇险人员伤亡有着积极且重要的意义。③

第三节 海上搜救的法律维度与空间

海上搜救的法律维度与空间，是指各国负有国际法义务执行搜救任务的水域范围。从空间层面而言，界定海上搜救的维度与空间是迅速定位遇险人员、及时实施救援措施的前提和基础。

---

① 《搜救公约》中所使用的概念为"搜救区域"，而我国《国家海上搜救应急预案》中所使用的概念为"海上搜救责任区"，两者有相似之处。
② 参见《搜救公约》2.1.4 和 2.1.5。
③ 史春林、李秀英：《中国参与南海搜救区域合作问题研究》，载《新东方》2013年第2期，第25–30页。

一、海上搜救维度界定的国际法理视角

通常,人们对海上搜救维度的界定主要包含以国家管辖海域范围和以海上搜救区域为视角。

第一,以国家管辖海域范围为视角。界定海上搜救范围的第一种标准是以国家管辖海域的范围为视角。根据这一视角,国家对海上搜救的范围认定与其管辖海域的范围相一致。即一国有义务在其领海、专属经济区范围内执行海上搜救任务,对遇险人员实施救援。而在公海范围内,一国既可以基于属人管辖或对失事船舶、航空器及其他设备和设施的管辖来承担搜救义务;也可以基于人道主义援助精神,对他国专属经济区范围内的搜救及公海领域的搜救提供道义上的援助。由于这种界定视角往往能够清晰地分离各国之间的管辖海域,且不干涉各国对其所管辖海域行使其他权利。因此,以国家管辖水域范围来确立海上搜救的范围是各国确立自身搜救范围的根基。同理,在一国管辖海域之外的公海部分,搜救国参与搜救行为便处在责任范围之外,应被界定为"人道主义救援行为"。

第二,以海上搜救责任区域为视角。界定海上搜救维度的第二种标准是以《搜救公约》中所提及的"海上搜救区域"为视角。根据这一视角,国家海上搜救责任区域的确立依据与其他国家之间的协定而定。如果两国之间达成了相关搜救协定,即使实际发生遇难的地点位于一国专属经济区内,其他参与搜救协定的缔约国同样有义务参与搜救。由于《搜救公约》的出台主要是调整与海上搜救领域内相关的各国之间的权利与义务关系,故该公约试图通过以国家协议的方式,在不影响各国海域划界的前提下确立各国的搜救责任区,以求更为准确及时地定位遇险人员,实施救援措施。

二、海上搜救维度界定视角之间的关联

事实上,海上搜救维度界定的两种视角之间并非完全独立。有学者论述了在搜救实践中两种视角之间的相互影响。[①] 由此可推出两者之间的基本关系是:第一种视角是第二种视角的前提,而第二种视角则是第一种视角的发展。因此,第一种视角确立的模糊会直接掣肘第二种视角的实行,具体的关

---

① 王杰、李荣、张洪雨:《东亚视野下的我国海上搜救责任区问题研究》,载《东北亚论坛》2014年第4期,第16-24页。

联如下。

其一，以国家管辖海域范围为视角界定一国海上搜救的维度具有前提性，其他的界定方式不能影响这一标准的根基性。这是因为，这种界定标准是以《联合国海洋法公约》为基础，并涉及各国管辖海域的划界，实质上触及各国的主权问题。各国海上搜救力量的发展与合作不能离开一个相对稳定的区域环境，以国家管辖海域范围为基础进行搜救活动是一种稳妥且争议程度最小的方式。然而，以这种视角为核心来界定海上搜救的维度有一个重要的前提：只有在各国管辖海域划界问题得以清晰解决的基础上，海上搜救执行的范围及国家合作才能顺利展开，如果在某海域范围上国家之间存在海域的管辖争端问题，那么在该海域范围内从事搜救活动并派遣搜救力量，必然会引发多国间的争议。

其二，以海上搜救责任区域为视角界定一国海上搜救的维度具有发展性，这一界定方式是各国进一步紧密搜救合作关系的结果。现今各国海上搜救的技术不断发展离不开国家间紧密的搜救合作，如果将搜救维度界定的视角仅停留在各国的管辖海域范围，且将他国的援助行为仅仅认定为一种人道主义援助活动，便无法促进各国在搜救区域内的进一步合作，也无法应对复杂的、涉及多国的国际救援活动。故有必要在海上搜救责任区域的维度内突破国家管辖海域的范围限制，在除领海范围内的其他海域重新划定搜救区域，以国家协定的方式整合国家搜救力量投入相关海域（尤其是公海领域）的搜救中。另外，如果缔约国明确表示本国领海也可成为搜救责任区域的一部分，国际法也是予以认可的。

从实然角度出发，这种关联认定方式符合现今大部分国家的利益要求。这些国家大部分是我国南海周边国家，且这些国家与我国存在海域划界问题的争议。例如，在"马航 MH370 事件"搜救中，印度就以搜救行为触及其所管辖海域内的安全为由禁止我国救难舰及其他船艇进入其相关海域实施搜救。我国也因与越南在南海部分海域范围内存在主权争议等，在实施搜救活动之前与越南进行了长时间的协商。尽管这次搜救活动中的部分海域已经隶属于我国所公布的海上搜救责任区范围，但是国家间的搜救合作仍然受到了来自管辖海域内主权问题的制约。因此，对这种关联的认定反映了国家间搜救活动顺利开展的困境和局限，具有一定的现实意义。

三、关于海上搜救视角界定的再思考

尽管两种不同海上搜救范围界定视角之间存在"前提—发展"的关联模式，且有其合理性的存在，并是一种实然状况的体现。但笔者认为确立这种关联性仍然在逻辑和实践上存在着相应的问题，并需要重新厘清。

在逻辑上，第一种视角的前提性和根基性毋庸置疑，但第二种视角并非第一种视角的延伸和发展，而是在不否认或不违背第一种视角的前提下，与其完全独立的一种界定方式。这是因为《搜救公约》中明确提及：海上搜救区域的协定和划分不得影响国家之间对相关海域的边界划分。[①]其已有意将这两种界定相互区分，并希望能在不侵害他国管辖海域合法权益的前提下，单独从"搜救区域"这一角度重新划定各国的搜救责任海域，以求能及时准确的定位遇险人员，防止其他因素的干扰而贻误救援时机，因此，将第二种视角看作第一种视角的延伸和发展与《搜救公约》的设定逻辑相悖。另外，第二种视角实际上已经包括了第一种视角的要求，将其界定为完全独立的一种方式并不一定会与各国对其管辖海域的主权要求相矛盾，而是基于人道主义的考虑另辟蹊径地将目光转向海上遇险人员，对其进行及时的救援。

在实践上，基于两种视角之间的关联而确定的国家海上搜救维度无法有效解决诸多与海上搜救有关的国际法问题，也无法有力地推动现代海上搜救合作。这种情况主要体现在以下两个方面：第一，作为确定搜救维度标准的国家管辖海域视角存在争议性情形。当两国之间就某海域的相关权利主张存有分歧或在利益上发生冲突时，以国家管辖海域为视角进行一国海上搜救维度的界定便会十分困难。按照两种界定视角之间的关联理论，由于国家间可能存在管辖海域内权利主张的争议，因此作为前提性的国家管辖海域存在争议的情形，在该海域范围内就不能形成国家海上搜救合作，而这种结论的不合理性是十分明显的：试想如果遇险人员的遇难地点恰好位于争议海域范围内，那么国家便要主张该范围是属争议海域，故国家无法提供救助。显然，这样的结论不仅违背《搜救公约》，同时也是不人道的行为。第二，作为以国家协议为基础的海上搜救责任区，其发展过程也面临着诸多的问题，亟待解决。如果海上搜救责任区的协定要以国家管辖海域的范围为前提并受其约束，也就不利于海上搜救责任区本身的进一步发展。海上搜救责任区内可能

---

① 参见《搜救公约》2.1.7。

形成国家间的通信合作、搜救船舶通行的合作以及程序上的合作等，如果海上搜救责任区的成立及发展被国家管辖海域束缚，则上述三种合作很难形成，在根本上弱化了搜救责任区成立的意义。

综上所述，将两种不同的海上搜救维度的界定视角表述为"前提—发展"的关联，不仅在逻辑上存在着矛盾，在搜救实践中也存在着诸多现实问题。

笔者认为，应脱离两种界定视角之间"前提—发展"模式的关联，不将第二种视角认定为第一种视角的延伸和发展，而将第二种视角作为一种独立的界定标准，即以海上搜救责任区视角为中心，以国家管辖海域范围视角为例外，并且这种例外的情形即是对国家管辖海域内相关合法权利的侵害。这表明在国家之间协定搜救责任区时要以海上搜救责任区为中心并达成协议，并将其中可能涉及的与国家管辖海域范围内主权问题，或是可能侵害到一国管辖海域内合法权益的相关因素逐一排除。之所以采用这种方式，主要的理由如下。

第一，国家间海上搜救责任区的划定范围远超过管辖海域的范畴。海上搜救国之间在进行搜救合作并缔结相关协定之时，对海上搜救责任区划定的范围往往比本国的管辖海域范围更大。① 在这样的划定情形下，国家海上搜救能力的覆盖范围已经远不再局限于自身所能管辖的范围，而可以将这个区域范围拓展得更为宽广，为了及时救助海上遇险人员，承认第二种界定视角的独立性已经符合了当今海上搜救责任区划定的时机和发展趋势。

第二，有效地避免了争议海域对海上搜救维度划定的不必要干扰。对于某片存在争议的海域，第一种界定视角所能发挥的作用就会在一定程度上被弱化。同时，《搜救公约》中明确反对国家之间将对相关海域的边界划分问题掺入海上搜救责任区的划定之中，其主要原因是避免将管辖海域之间的争议问题引入责任区域的划定之中，进而使国家之间产生不必要的纠纷，阻碍海上搜救责任区的形成和人命救助程序的设计进展。②

在确立这种视角之后，我们需要将可能影响海上搜救责任区划定的因素

---

① 例如：《日美海上搜救协定》中所确定的海上搜救责任区是日美两国管辖海域范围的 10 倍以上，我国自主划定的搜救责任区范围也覆盖了 300 万平方公里。（参见王杰、李荣、张洪雨《东亚视野下的我国海上搜救责任区问题研究》，载《东北亚论坛》2014 年第 4 期，第 16 - 24 页。）

② 参见《搜救公约》2.1.7。

逐一排除并相应地解决，具体而言有以下几个方面。

第一，责任区域的划定。海上搜救责任区域的划定是以海上搜救责任区为中心来界定海上搜救维度的首要步骤，包括责任区域划定的原则及划定之后的形成类型。同时，需要明确责任区域划定对国家管辖海域范围内主权问题的影响，探讨其中的原因，以提出相关的改进思路，从划定这一问题上排除可能侵害一国管辖海域合法权益的相关问题。

第二，搜救船舶的通行。搜救船舶的通行是划定海上搜救责任区后的另一个实际问题，是对海上搜救船舶无害通过权的认定，包括对通行至其他国家相关管辖水域范围内所产生的影响分析，以确立责任区范围内搜救船舶通行的合法性，避免触及他国管辖海域内通行安全的质疑，进而认定船舶的通过行为危及本国管辖海域内的相关权益。

第三，搜救责任的管辖豁免。海上搜救责任区内的国家船舶、航空器及其他救援设施的通行或施救作业可能会对一国管辖海域内的相关人员、设施及其他主体产生侵权行为。对这种侵权行为的性质认定及此时国家是否有权享有相关管辖豁免等问题进行分析探讨，同样也关系国家管辖海域的主权问题，尤其是其中所涉及的国家责任问题。

第四，搜救援助的程序。在海上搜救责任区内，相关国家需要制定一套能够有效规范国家海上搜救活动、尽速援救海上遇险人员的程序规范。从救援程序的角度出发，需要在现有海上搜救责任区的视角下分析现有搜救程序中存在的问题，包括但不限于对一国管辖海域范围内构成实质影响的程序问题（如信息交换安全问题）等，并对其进行分析，从程序的角度提出自身的思考，进而排除程序因素的影响。

通过对以上四个不同角度进行分析，以求得出搜救活动对一国管辖海域范围内主权问题的影响，并逐一解决，最终以海上搜救责任区域为中心视角来界定一国的海上搜救范围。

第四节　海上搜救与全球环境治理间的关系

全球环境治理是针对环境问题全球化所提出的国际治理安排。海上搜救作为人类在海洋环境中开展的"侵入性"活动，不可避免地会对环境产生直接或间接的影响。探究海上搜救和全球环境治理间的关系，即回答在开展海上搜救活动过程中所涉及的环境问题。

一、空间尺度上相契合

从空间的角度来看，全球环境治理需要在全球范围内协调各种资源和行动，而海上搜救活动恰好属于这一范围。全球环境治理作为全球治理理论在环境领域的重要内容，其与海上搜救活动有着共同的作用对象——海洋，尤其在国家管辖范围外的海域，全球海洋环境的治理与海上搜救活动的展开在空间尺度上高度重合。这种契合性一方面是基于《联合国海洋法公约》对海域的划分，另一方面则是基于海洋的自然属性。

1982年，《联合国海洋法公约》按照权属将海洋划分为国家管辖范围内和国家管辖范围以外区域。在国家管辖范围内的海域，根据主权原则，管辖国可以自主决定该海域内的相关事物，其中就包括在海域内设计环境保护的立法和开展具体措施。与之相对应的，在国家管辖海域范围内开展海上搜救仍是以主权国为主导，且沿海国对海上搜救过程中可能产生的污染问题有防范和保全义务。如沿海国制定搜救船只及装备审查标准，防止、减少和控制其对海洋环境的污染，其中包括专属经济区因存在区域利用、资源保护等方面的特殊性，要求进入专属经济区的搜救船只及装备应符合特殊的标准。[①]而在国家管辖范围外的海域（包括公海区域），因任何国家不能在此主张对海域享有主权性权利，各国在该海域内的行动遵循"自由但适当顾及"的原则。在该海域开展海上搜救活动基于各国的合作与协调，同时也需要各国共同努力应对跨境污染、气候变化等全球性环境问题，共同维护公海的安全和环境。

基于海洋具有流动性和整体性的特点，许多涉及海洋环境治理的问题具有国际性，为取得实质有效的环境治理结果，各国也无法在海洋环境问题上独善其身。正如《联合国海洋法公约》其"序言"部分所提到，各海洋区域的种种问题都是彼此密切相关的，有必要作为一个整体来加以考虑。在海洋中发生的各种事件，如船只遇险、海洋污染等，都需要及时的搜救和处理。而全球环境治理则需要关注海洋生态系统的保护和管理，包括海洋污染的预防和治理、海洋生物多样性的保护等。因此，海上搜救活动与全球环境治理在海洋空间上有着密切的联系，共同构成了海洋安全和可持续发展的重要组成部分。

---

① 参见《联合国海洋法公约》第211条第1、6款。

此外，海上搜救活动与全球环境治理之间的空间联系还体现在海洋资源的开发与保护上。海洋资源的开发往往需要考虑海洋环境的保护，以及海上搜救能力的提升。例如，海上油气勘探和开采活动可能会增加海洋污染的风险，而及时有效的海上搜救活动则可以降低这些风险带来的损失。因此，海上搜救活动与全球环境治理需要平衡海洋资源开发与保护之间的关系，实现资源的可持续利用和海洋环境的可持续发展。

二、内容范畴存在交互

从内容的角度出发，海上搜救活动属于具有一定风险的救援活动，在搜救过程中可能会引发二次风险和事故导致环境问题的产生，而在全球环境治理的范畴内也需要解决和预防这类问题，即两者在内容上存在的交互。

在执行海上搜救任务时，救援船舶通常需要迅速响应、快速航行，以尽快抵达事故现场救援。然而，高速航行往往增加了船舶碰撞的风险，尤其是在能见度低、海况恶劣的情况下。一旦发生船舶碰撞，可能导致船舶油箱破裂、船体受损等情况；若被救援船携带有危险品或污染物，在二次事故发生时也可能会出现泄漏，进而引发海洋环境污染。此外，海上搜救的操作也可能会导致其他环境问题的发生，如救援船舶在救援过程中可能因救援人员操作失误或突发情况而出现火灾、爆炸等情况，进而导致一些有危害的物质排放到海洋，对环境造成破坏。

在全球环境治理的视角下，想要有效的治理，就必须认识到海上搜救活动可能引发的环境问题，提前采取相应的管理和控制措施，以期实现海上搜救与环境保护的协调发展，促进海洋生态环境的可持续发展。一方面，全球环境治理下的海上搜救活动必须重视环境保护，确保救援活动不会对海洋环境造成进一步损害。这既包括搜救时采取有效措施防止油污染、化学品泄漏等环境问题的发生，也包括及时有效地应对事故导致的环境污染，减少对海洋生态系统的影响。例如，《海上交通安全法》就明确规定在海上搜救过程中，遇险的船舶、海上设施及其所有人、经营人或者管理人应当采取有效措施防止、减少海洋环境污染。也包括加强海上搜救行动的规范和管理，确保救援行动的安全性和环保性。如定期对救援船舶的技术设备进行检查和维护、规范救援行动的操作流程、建立严格的责任追究机制、对违反环保规定的行为进行惩处等。另一方面，全球环境治理的要求也会反之促进海上搜救活动的开展。为了对海洋生态环境进行分析评估，各国相继建立海洋监测与预警系统，通过监测海洋环境变化、预测灾害事件等方式，提前发现潜在的安全风险。这些风险提示也在一定程度上提升了海上搜救活动的效率和及时性，从而更好地应对海洋安全和环境保护面临的挑战。

三、共同的碳排放问题

随着全球气候变化日益严重，碳排放成为全球环境治理的重要议题之一。虽然海上搜救活动在救援生命和维护海上安全方面具有不可替代的作用，但是救援船舶和设备在航行中也存在着碳排放问题，这与全球环境治理的目标并不完全吻合。因此，从碳排放的角度探讨海上搜救活动与全球环境治理之间的关系，是平衡海上安全和促进环境可持续发展的重要前提。

其一，海上搜救活动的碳排放不仅是一个局部环境问题，更是全球性的环境挑战，需要得到外界的关注和应对。作为应对紧急突发事件的处置工作，海上搜救救援船舶和装备在高速航行时不仅消耗大量燃油，还会产生大量的碳排放。特别是在紧急情况下，救援船舶可能需要更大的动力以应对复杂的海况和气象条件，这就进一步提升了碳排放的强度。此外，海上搜救活动可能还会涉及航空器和其他动力设备的多方协调配合，这些设备同样会带来碳排放。而在全球环境治理的视角下，二氧化碳是主要的温室气体之一，海上搜救活动带来的二氧化碳排放量可能导致全球气候变化的加剧，包括气温上升、海平面上升、极端天气事件增多等。因此，作为碳排放的来源之一，海上搜救活动也应该受到相应的约束和管理，以减少对全球环境的负面影响。

其二，能源系统的转型对实现碳达峰、碳中和目标至关重要，而海上搜救船舶及装备在能源转型方面具备可行优势，能够有效促进碳减排和环境可持续发展。2018年10月，联合国政府间气候变化委员会（Intergovernmental Panel on Climate Change，IPCC）提出"碳中和"的目标，到21世纪末将全球气温升高控制在1.5 ℃。① 而人类活动排放的二氧化碳主要来源于化石能源消费，因此发展新能源、实现能源转型、降低化石能源消费，是减少二氧化碳排放、实现全球碳中和的重要举措之一。目前，部分国家也在探索通过清洁和可再生能源作为新能源船舶的动力源，然而如何保持长时间续航能力

---

① "Global Warming of 1.5 ℃"，https://www.ipcc.ch/sr15/，最后访问时间：2024年4月10日。

且全天候高效能航行是目前需要攻克的技术难关。但区别于传统船舶，海上搜救船舶和装备的应急性使其自然地绕过了技术难点，只要满足在救援期内的动力能源需求即可。2021年，瑞典海上救援协会已经率先建造了第一条无排放救生船①，这说明通过提升海上搜救救援船舶和装备的能效水平，减少能源消耗和碳排放已经成为现实所需。

---

① "Swedish Sea Rescue Society Builds First Emission-Free Lifeboat", https://www.international–maritime–rescue.org/news/swedish–sea–rescue–society–builds–first–emission–free–lifeboat，最后访问时间：2024年4月10日。

第二章　全球环境治理视阈下海上搜救法律问题的理论基础

无论是调整并规制海上搜救活动的相关法律规范，还是指导海上搜救的具体技术指南和应急反应规制，它们的设立和制定都有着坚实的法理基础作为支撑和保障。不管是从海上搜救活动的国际法主体问题出发，还是从区域和客体等问题出发，对于相应理论基础问题的研究始终都在发挥着前置性和基础性的作用。因此，厘清并探讨海上搜救中国际法问题研究的理论基础，是着手对其进行具体研究的前提。

第一节　单一联合主体论

单一联合主体论，是研究海上搜救活动中国际法主体问题前所应交代的一个理论立足点。所谓"单一联合"，是由"单一"和"联合"相构成的一个复合型词汇。其中，"单一"与"多元"相对应，意指海上搜救活动的国际法主体只能是国家，即使是国际组织也要受国家意志的控制，本质仍然是国家。它不能是脱离国家指导和控制的其他国际组织，更不能是单独的个人。"联合"与"孤立"相对应，意指海上搜救活动的国际法主体并非孤立地采取搜救，而是存在着某种"国家联合"，且这种联合是一种有依据、有组织性的联合，而不是随机偶然产生的。这种依据可能来源于国家之间已然即存的条约或协定，也有可能来源于人道主义救援精神的支持和作用。单一联合主体论作为一种复合型的理论构想，能够为海上搜救活动中的国际法主体及其相应问题的研究提供重要的理论基础。

一、单一联合主体论的理论对峙及分析

单一联合主体论，衍生于学界对"单一与多元"和"联合与孤立"之

第二章　全球环境治理视阈下海上搜救法律问题的理论基础

间的争辩，各方论点均在国际法其他领域研究范围内获得一定的支持与应用。而在海上搜救活动这一特定的领域内，"单一"与"联合"这两个理论点更能成为一组合格的国际法主体理论，以用来研究海上搜救活动的国际法主体问题。具体而言，这里面涉及的对峙理论有两组。

第一，"单一主体论"与"多元主体论"间的对峙。在"单一主体论"与"多元主体论"的对峙中，我国著名国际法学者周鲠生认为：国家是国际法上的唯一主体，即采纳"单一主体论"。[①] 这是因为只有国家才具有完全的资格承担国际权利和义务，只有国家才是国际法制定的参与者和最终实施主体，也只有国家才能援用国际司法程序。对于其他的国际政治性组织，他们没有制定国际法的权利，且这些权利最终还要归宿于各国的意志，因此，除了国家之外的其他组织或个人难以成为国际法主体。周鲠生先生所提出的"单一主体论"产生时间比较早，而且其论断切入点只是紧紧地围绕着国家，否定了其他组织或个人成为国际法主体的可能。但该观点在现代国际法学界来看仍然存有质疑。例如，Murphy 教授就将国际法主体的范畴扩展到了国家、国际组织（政府组织、非政府组织），并与周鲠生先生的观点形成了鲜明的反差，也即形成了多元主体论。[②] 而除了 Murphy 教授之外，还有学者一方面主张个人是国际法的主体，同时也认为国际组织，特别是政治性的一般国际组织也是国际法的主体。[③] 这些学者认为，由于针对某一具体事项上国家与国家之间可能会形成一种合作关系，形成后的合作关系可能就会产生一种新的国际法主体，例如在政治组织上的联合国、在经济上以某种利益为纽带所形成的跨国经济组织等。

第二，"联合主体论"与"孤立主体论"之间的对峙。在"联合主体论"与"孤立主体论"的对峙中，有学者认为，在探讨国际法主体的问题上，国家与国家之间的合作关系或者几个国家之间出于某种政治或经济等原因而形成的联合体并不会产生新的国际法主体，而应该称为"国家集合"，

---

① 参见周鲠生《国际法（上册）》，武汉大学出版社 2007 年版，第 49 - 53 页。

② Sean D. Murphy. *Principle of Internatioal Law (Second Edition)*, WEST Press, 2012, pp. 33 - 70.

③ 参见［英］詹宁斯、瓦茨《奥本海国际法》第一卷第一分册，中国大百科全书出版社 1998 年版，第 16 - 17 页。

进而提出了"联合主体论"。① 这种国家集合是指由作为国际法主体的国家所共同且无排斥的形成一种联合，以实现某种目的。基于这一理论，海上搜救活动中国家与国家之间的合作实质上是一种国家间的"集合"或"联合"，本质上海上搜救活动中的搜救责任区的缔约国或人道主义救援国仍然是唯一的国际法主体。

与之相对应的是"孤立主体论"，其不认为国家之间的合作就意味着国家之间的"集合"或"联合"。这是因为基于国家的主权性，尽管在某些问题上国家之间可能存在相应的沟通或联系，但根本上是本着自身的利益行事，在获益和责任的问题之上始终都是国家自身最终享有或承担。② 尤其是在涉及国际法上的国家责任这一问题时，孤立主体论更具有切入的必要性。国家不可能通过一种"联合"的形式承担某一种国家责任，而不问这种责任是一种"道歉"或者是"赔偿"，却只能是自行承担自己的责任份额，以对受害国或受害者进行充分的赔偿或补偿。因此，从这个角度出发，国家与国家之间实际上是彼此孤立的。基于这一理论，海上搜救活动中国家是否进行合作并没有实质上的意义，在搜救实践中由于其他可能存在的利益性因素，本质上反映出来的效果仍然是一种"孤立化"状态。

笔者认为，上述两组观点本质上是就国际法主体的维度以及其相互之间的关系进行的争论。单一论和多元论是不同学者在对国际法主体维度研究之前所必须回答的一个问题，而联合论和孤立论则是学者在研究具体国际法问题时对主体目前的状态所进行的一项考量和测评。事实上，无论选取哪种理论研究一个具体问题都没有本质上的错误，但重要的是，在进行两组不同的理论思辨时需要考量以下两个要素。

第一，在单一与多元的争辩中要考量不同领域下主体所发挥的作用。国际法学本身是一个广义上的学科，它包含了国际公法、国际私法和国际经济法三个具体的方向。无论是研究哪一方向下的具体问题，都不能脱离国际法主体本身。笔者认为，在面对国际法主体应是"单一"或是"多元"时所采取的态度，应视不同领域内的问题而定。例如在国际经济法的研究范畴

---

① 在国际法领域内的实践体现在国际海底资源领域范畴内。（参见李志文《国际海底资源之人类共同继承财产的证成》，载《社会科学》2017年第6期，第91页。）

② Philippe Sands Q C, Pierre Klein. *Bowett's Law of International Institutions* (*Six Edition*), SWEET&MAXWELL, 2009, p.328.

下，国家与国家之间形成某种特定的经济合作组织已经对全球经济发展起到了重要的推动作用，其形成的经济规则也在国际法层面上约束着不同地域国家的行为，这些规则甚至还有可能形成国际习惯。在该领域下，国际法主体的维度必然不可能只限于国家，国际组织尤其是国际经济组织所发挥的作用是不可小觑的，故而此时国际法的主体理论应该是多元的，既包括国家也包括各种经济组织。然而，在国际公法的层面上，尽管世界不同区域的国家也形成了政治性的国际组织（如欧盟），但政治性组织的决议和这些组织所能发挥的实际作用更大程度上要受背后成员国意志的影响。所以，在面对一些重要的政治性问题时，采用单一主体论并强调此时国际法主体只是国家，国际组织的决议本质上体现的是国家意志也是可以解释得通。

第二，在联合与孤立的争辩中要结合具体的国际法问题。在国际法的层面下分析国家与国家之间的关系时，要结合具体的国际法问题分析，不能一概而论。在面临国家合作的问题时，如国家之间就环境、经济发展等问题进行磋商和合作，国家与国家之间的关系就是一种联合的关系，而不可能是孤立的。例如，当国家之间所形成的国际组织在从事某项活动时对他人发生了侵权性行为，进而涉及责任的承担问题时，赔偿责任会合理的被分配在不同的国家，也是由不同国家承担相应的份额，或者由国家之间共同按份额所形成的基金予以摊款。因此，当国家各自承担自己的责任份额时，就无须过分强调国家之间的联合关系。

二、海上搜救活动视阈下理论思辨的择取思考

通过对上述两组分支理论的研究，笔者认为，从逻辑的角度出发，研究海上搜救活动下的国际法主体理论时可以分成两组：单一联合主体论和多元孤立主体论。笔者认为单一联合主体论更能支撑本书的进一步研究，这主要基于以下两个理由。

第一，"单一主体论"体现着海上搜救的主体性概念。基于海上搜救的定义，海上搜救的直接实行主体和领导主体是一国政府部门或有关当局，其本质受到国家本身的调整和管理。同时，海上搜救与海难救助之间的差别就在于海上搜救主体的单一性和海难救助主体的多元性。对于海难救助而言，其主体可能是个人，也可能是周边随行的船只或专业的救助打捞公司，也有可能是国家主管机关，其泛指一切外来力量。而海上搜救活动往往会运用和投入国家政府资源、动用一国专业救助力量，其过程还涉及其他国家的参

与，如2014年的"马航MH370事件"搜救行动，它属于一种特殊的海上救助。基于这种区别，"单一主体论"更能切合海上搜救的定义和基本范畴。相反，如果以"多元主体论"为轴心，很有可能会将"海上搜救"与"海难救助"这两者相混淆。另外，"海难救助"作为《海商法》所调整的一个部分，本身就鼓励社会各界努力参与救援，其考量角度及出发点与"海上搜救"本身并不协调。因此，只有"单一主体论"才能与研究海上搜救活动中的主体问题相切合。

除此之外，在海上搜救过程中，国家与国家之间会形成某种组织（如国际海事组织），以负责海上航行安全。但笔者认为，能够承担国际海上搜救活动任务并获享先进的搜救设备、技术和必要资料的组织主要属于政府间的国际组织，而不是民间自发形成的社会团体，如"马航MH370事件"的搜救，实际参与搜救活动的主体也只有国家和国家之间所形成的相应组织。因此，这些已经形成的国际组织实质上是受到了国家意志的影响，并在国家的指派和调遣下从事海上搜救活动，其本质仍然属于国家的操纵范畴，这时的国际法主体仍然只是国家。

第二，"联合主体论"衬托出海上搜救价值目标的应然性要求。一国承担海上人命救助义务，是指海上人命救助主体在法律上、道义上的应尽责任，其目的是保证遇险人员不论位置、国籍或周围环境如何，都应得到及时的救助。随着现代科学技术的广泛应用以及海上遇险事件的逐渐增多，国家对搜救船舶的建造水平、船用设备的可靠性以及海上通信手段的科学性提出了更高的要求，这也意味着单个国家孤立的行动往往在力度和效度上都存在很大程度上的欠缺，需要国家与国家之间建立一种合作式的关系，以体现出相互分工和配合，共同达到海上搜救活动价值目标的应然性要求。当然，尽管在研究海上搜救活动中的国家责任问题时，"联合主体论"无法提供必要的支撑，其承担的方式仍是各个国家自行承担。但从搜救活动来看，国家责任承担的情形或调整并规范国家如何承担这一责任的规范较少，反而国家合作的要求或实例却广泛地存在于搜救实践或所缔结的公约之中。因此，从这个角度出发，"联合主体论"往往更加能够全面地衬托出海上搜救活动价值目标的应然性要求，而"孤立主体理论"所能支撑之处往往比较片面。

综上，在研究海上搜救活动中的国际法主体问题之前，学者应该要确立"单一联合主体"理论，以从根本上明确研究该问题的前置性理论基础。

第二节 海洋功能进路论

海洋功能进路论是涉海立法活动的重要理论学说，它强调涉海活动的相关立法应该紧密地围绕着海洋功能展开，同时根据这些功能进行分门别类，譬如港口航运功能区、渔业资源利用和养护功能区、旅游功能区、海洋保护功能区、海洋安全维护功能区等。① 事实上，海洋功能进路发挥着奠基式的平台作用，为一切涉海活动的顺利开展奠定区域划定的基础。由于海上搜救活动属于国家涉海活动的一种，并且不仅是国内相关预案，国际公约中也都明确地提到了搜救责任（功能）区的创建和意义。因此，按照海洋功能标准将海域划分为不同使用类型和不同创建目的的功能区，便可以为我国在相关责任海域内从事搜救活动提供坚实的基础，进而在研究海上搜救活动中责任区域划定时发挥必要的辅助性作用。除此之外，海洋功能进路论还能够为我国海上搜救立法提供坚实的理论根据。我国海上搜救立法采取何种形式，并进行何种制度安排，很大程度上取决于理论基础的选取。海洋功能进路论意在按"功能"的不同在涉海领域内分门别类地立法，不管单独形成一部法律规范，还是体系化地将相关规定放置于其他法律之中，调整海上搜救活动的相关规范都应该要占有一席之地。

一、海洋功能进路论的含义

海洋功能进路论并不是孤立的存在，在其衍生的过程之中存在一个对立的理论：海洋区域进路论。笔者认为，理解海洋功能进路论之前首先要将其与"海洋区域进路论"相对比，才能厘清这一理论的内含。作为调整并规范海洋区域的重要理论之一，海洋区域进路论要求根据国家对于其管辖海域的权限范围以及大小，制定相关海洋活动准则，且这一准则要和《联合国海洋法公约》确立的各类制度相吻合。② 海洋区域进路论的着眼点在国家管辖海

---

① Douvere F, Ehler C N. "New Perspectives on Sea Use Management: Initial Findings from European Experience with Marine Spatial Planning", *Journal of environmental management*, 2009, 90 (1), pp. 77-88.

② Halpern B S, Walbridge S, Selkoe K A, et al. "A Gobla Map of Human Impact on Marine Ecosystems", *Science*, 2008, 319 (5865), pp. 948-952.

域之上，包括沿海国水域、领海、毗连区、专属经济区、大陆架等。海上搜救活动作为维护国家海上人命安全的重要保障措施之一，可能会发生在任何一个管辖海域范围内。据此，海上搜救区域的划定以及区域之内的相关立法要以国家管辖海域为范畴。在这一理论的对比之下，海洋功能进路论可以从以下两个方面理解。

第一，海洋功能进路论是以"海洋用途"为线索来确立的。"海洋用途"意在以海洋为媒介，通过不同的功能划分，为人类提供各种海洋服务。例如，旅游功能区主要为人类提供海洋旅游服务产品，满足人类对海洋的娱乐需要；海洋安全功能维护区则意在将海洋划分为不同的安全维护区域，分由不同国家负责主要的海洋安全事宜。以功能为线索与以管辖海域之位置为线索不同的是，海洋功能进路论不过分在乎海域地理位置的划分，即使是同一片海域内也可以存在多种用途之需要，并且不同用途之下可分别立法，而不必僵化地强调界限。

第二，海洋功能进路论原是出于服务海洋立法需要的一种理论。海洋功能进路论意在从功能部门的自身利益出发，采用条状分割、部门导向的立法模式，在重视各个功能区域的基础上关注其特殊性，以便我国在海洋领域立法。然而，除了这一目的之外，海洋功能进路论也有助于提升各个功能区自身的发展，从而形成新的功能领域，故而又对各个区域内的立法模式起到了一定的促进作用。相反，海洋区域进路论则更强调国家管辖海域之安全和利益，这种要求使包括海上搜救立法在内的其他涉海部门的立法都要紧密地围绕在管辖海域的界限范围和前提之下，其功能的发挥也可能受限。

二、海洋功能进路论与海上搜救的切合性

除了厘清海洋功能进路论本身的含义之外，我们还需要寻求海上搜救活动与这一理论的切合点，使海洋功能进路论真正能为研究海上搜救活动中的国际法问题提供坚实的基础和保障。

第一，海上搜救活动在海洋功能区的框架之下进行。海洋功能区划定的实质是将海域划分为不同使用类型的功能区，用以控制和引导海域使用方向，其目的是促进海域的合理利用，并能够在某个技术领域服务于人们的特别需要。另外，国务院于2012年3月3日批准了《全国海洋功能区划（2011—2020年）》，对我国管辖海域的相关领域内的利用做出了部署及安排。因此，海洋功能区是以海洋为载体的一个整体的、全面的框架构想，其

内部可以囊括一切以利用海洋区域为目的从事某种技术活动的要素。① 在这个框架体系之下，国家为了保障海上通行活动安全并及时救助海上遇险人员所划定的海上搜救责任区域就是这种功能区的具体表现形式之一，没有海上搜救责任区这种功能性的区域，海上搜救活动便无法在现有技术层面上继续发展和巩固，在本国管辖海域之外，国家搜救力量也只能面对漫无边际的大海，无任何区域的导向。基于海上搜救责任区与海洋功能区之间的部分与整体关系，外界要在海洋功能区的框架之下进行海上搜救活动，其调整并规范海上搜救活动的国内法或国际法规范也要同时符合海洋功能区的设立要求及理论构架。

第二，设立相关的海洋功能区是进行海上搜救活动的前置。除了二者"部分—整体"的逻辑关系之外，海洋功能区的构建也是进行海上搜救活动的前提与必要准备。这是因为，海上搜救活动的发展与完善是以海上搜救责任区的划定为前提的，而海上搜救责任区的划定需要以海洋功能区的构建为指导，并有效地控制和引导海域的使用，使之在海上从事某种技术性活动。因此，没有海洋功能区域进路论作为基础性的支撑，当出现遇险人员处于国家管辖海域范围之外的情形时，海上搜救活动便只能固守且停留于人道主义救援活动之中，无法在国家之间形成一种朝着合作、发展以及区域性理论方向的发展态势。

需要明确的是，海洋功能进路论并不意味着排斥其他国家的人道主义救援活动。尽管根据这一理论，缔约国需要在所协定的搜救责任区域内义务性地参加搜救活动，但是区域的划分只是为了更好地集中相关缔约国的搜救力量以尽力救助遇险人员，本身并不会拒绝其他国家道义性参与救援。人道主义救援国如何间接的提供自身的搜救力量并配合其他缔约国参与搜救，可能需要构建其他合作机制予以协调。因此，尽管这一理论无法为人道主义救援国参与救援的合理性提供基础，但它绝对不会排斥。

---

① Sivas D A, Caldwell M R. "New Vision for California Ocean Governance: Comprehensive Ecosystem-Based Marine Zoning", *Stanford Journal of International Law*, 2008, 27, p. 209.

第三节 人权倾斜论

在海上搜救活动中,设定搜救责任区只能够在一定范围内使国家本身或国家与国家之间负担某种搜救义务,却并不是搜救活动进行或开展的必要条件。例如,涉事海域较明确且距离岸基较近之时,即使没有明确的搜救责任区,一国也能指派附近的船舶迅速前往实施救援。在不危害本国专属经济区安全的前提下,沿海国无权拒绝其他国家进入本国专属经济区开展搜救活动,《联合国海洋法公约》更是明确了国家的救助义务:每个国家应责成悬挂该国旗帜航行的船舶的船长,在不严重危及其船舶、船员或乘客的情况下,救助在海上遇到的任何有生命危险的人。需要明确的是,这种救助义务并不以海上搜救责任区的建立或变更为转移,也不能以海上搜救责任区的缺失为由而否认这种救助义务的存在。因此,对于非海上搜救责任区范围内的救助或其他国家主动自发的奔赴涉事海域进行人道主义救援行为,其理论支撑不是海洋功能区域论,而是人权倾斜论。

一、人权倾斜论的基本内涵

人权倾斜论,实质是在厘清海上搜救活动中遇险人员生命权与国家管辖海域内主权之间的关系后,采纳向保障遇险人员人权一侧倾斜的理论立足点。[①] 换种角度说,以人权倾斜论为海上搜救活动的理论基础,是将海上遇险人员的生命权放在第一价值序位,而将国家管辖海域内的主权问题放置于第二价值序位的一种做法,而并非要全部倒向人权一侧,忽略管辖海域内的主权问题。在国际法理论之中,遇险人员的生命权与国家管辖海域主权之间的争辩本质上可以回归至人权与主权之间的关系探讨,笔者认为,尽管将两者之间中的任何一面进行绝对化的思考,片面强调某一项高于另一项的做法是有害的,但是完全将两者不分场合地等同并毫不做任何区分也同样是不利

---

① 吕有志:《论人权高于主权的本质》,载《浙江大学学报(人文社会科学版)》2001年第2期,第35页;John Baylis, Steven Smith. *The Globalization of Politics: An introduction of international relations*, Oxford University Press, 2005, pp. 364 – 365.

的，这一点在海上搜救活动中体现得十分明显。① 因此，我们应该在遇险人员的生命权以及国家管辖海域内的主权之间向着前者给予适当的倾斜，为确保及时、有效地救助海上遇险人员，应以人权倾斜论为调整并规范海上搜救活动的理论基础。具体而言，这一理论之内涵有以下几点。

第一，在理念上应尽可能的依遇险人员的安全状况为轴心采取搜救行动。人权倾斜论要求在遇险情形发生时，遇险人员的生命安全是头等重要之事，此时国家之间不应以各种理由阻碍海上搜救活动的顺利开展，除非搜救活动已经侵害本国所辖及的海域范围。海上搜救活动应该首先考虑遇险人员的安全情况，并基于海上搜救的客观状况进行合理的布局。具体而言，这些布局需要考虑遇险人员落海之时能够维持的时间、不同搜救责任区内海洋洋流循环状况以及不同区域海水内的实际温度等，并注重合作程序的有效性及时效性，从而体现以保障遇险人员的生命权为首要的价值目标。

第二，在程序设计上应尽可能地有利于对遇险人员的尽速救援。在海上搜救活动中，在程序设计中遇险人员的生命权也应有所体现，而这种程序设计应尽可能地便利遇险人员的救援，使其尽快抵达定位地点展开救援行动。笔者认为，对遇险人员尽快救援的便利性程序设计应包括主线性的行动以及配合性的行动，主线性的行动包括了具体划分搜救活动的前置阶段、实行阶段及终止阶段，是展开救援活动的静态性、一般性的程序，其目的是使有关国家合作程序的相关立法处于相对稳定的状态，保障救援行动稳定有序地开展。配合性的行动包括了海上搜救与陆地供给之间的衔接、海域与海域之间信息共享机制的衔接以及船舶报告制度的形成等，是展开救援活动的动态性、衔接性程序，其目的是使国家之间完成相应的基本程序，同时相互之间还能进行动态的衔接，以保证各个程序之间的协调性，从而对遇险人员的尽速救援提供便利。

需要指明的是，以人权倾斜论为海上搜救活动的理论基础，并不意味着忽略可能对国家海域内主权活动的影响，国家管辖海域内的主权应让位于遇险人员的生命权，但这种让位应是在不对国家管辖海域内主权构成侵害的前提下方能进行，因此，人权倾斜论本身仍然存在一个度量或衡平的问题。相较于第一序位的主动性、引领性而言，第二序位往往具有被动性和第二性。

---

① 何志鹏：《超越国家间政治——主权人权关系的国际法治维度》，载《法律科学》2008 年第 6 期，第 23 页。

人权倾斜论在立法中主要体现为以下两个方面。

第一，保障国家管辖海域内的主权体现在公约原则性条款范围内。[①] 海上搜救活动的目的主要是保障遇险人员的人身安全，使国家之间的合作处于相对有条不紊的状态之中。以搜救活动目的固守各国管辖海域内的主权问题，甚至以海上搜救活动为借口实质将本国军用船舶驶入他国管辖海域侵犯他国管辖海域的行为都应被国际法所禁止。[②] 因此，虽不能因此而摒弃国家管辖海域内的主权保障，但其要存在于搜救活动程序性设计的实体性、原则性条款范围中，这些条款可能是一种消极的表达方式，也可能是一种原则性的表达方式。例如，在《搜救公约》中就明确且简易地规定，搜救区域的划分不涉及并不得损害国家之间边界的划分。除有关国家之间另有协议外，缔约方的当局只是为了搜寻发生海难的地点和救助该海难中遇险人员，希望其救助单位进入或越过另一缔约方领海或领土者，须向该另一缔约方的救助协调中心或经该缔约方指定的其他当局发出请求，详细说明所计划的任务及其必要性。[③] 基于此，保障国家管辖海域内的主权有必要存在于程序性立法之中，但是其表述的方式应该是"不能损害国家之间边界的划分或危害沿海国管辖海域的安全"。

第二，保障国家管辖海域内的主权体现在立法中的原则性部分。它是指在程序性立法的过程中其所占据的篇幅应是集中且总领的，而不会分布于具体的程序。据此，保障国家管辖海域内的主权应置于程序设计中的总则部分之中，并强调海上搜救活动中遇险人员遇险情况与国家主权之间的位阶性。相反，如果两者并行贯穿于具体的程序之中，那么在实际执行这种程序的过程时便会产生适用上的矛盾，产生兼顾救助遇险人员以及维护管辖海域内主权并行的局面，这无疑对尽速救援造成很大程度的阻碍，以至于国家之间沟通时间延长，无法充分保障遇险人员的生命权。

---

① Griffiths, David N. "What's in a Name? The Legal Regime in the Caspian Sea", *Ocean Yearbook*, 2009, 161 (23), pp. 161–192.

② Bjorn Arp. "Introductory Note to the Agreement on Cooperation on Aeronautical and Maritime Search and Rescue in the Arctic", *International Legal Materials*, 2011, 6 (50), pp. 1110–1130.

③ 参见《搜救公约》2.1.7及3.1.3。

二、人权倾斜论的确立依据

将海上遇险人员的生命权置于搜救活动的第一性价值目标,而国家管辖海域内的主权问题置于第二性价值目标具有明确的法理依据,主要表现在以下几个方面。

第一,这一位阶是现有《搜救公约》的真意表达。《搜救公约》为这一理论的确立提供了重要的法律依据,其中该法可以体现并确立这一位阶的依据主要有两个方面:一方面体现在整体立法结构上。现有《搜救公约》所确立的构建体系为:名词和定义—组织—合作—准备措施—工作程序—船舶报告制度。其中,所涉及国家管辖海域内的主权问题或称划界问题仅存于第二章和第三章的几个条款中,并且涉及第二序位的相关实质性规定仅与搜救船舶的通行相关;而与此相对应的是,从第四章准备措施部分开始为该公约的核心内容,且该部分的实际内容占据了较大的篇幅,包含了许多搜救技术性的问题。因此,从立法结构上来看,《搜救公约》实质上包含了更多与救助遇险人员、利于搜救活动顺利开展相关的规范,而对如何保护一国管辖海域内的主权问题的阐述则相对简单,位阶差异十分明显。另一方面体现在部分法律规范的设计。在《搜救公约》中,除了从整体立法结构这一角度考虑之外,部分法律规范中可以看出作为第二性价值目标"管辖海域主权"的弱化地位。这主要表现在这些规范本身的存在形式及表达方式上,包括了《搜救公约》中的总括部分的第二条以及具体规范 2.1.7 和 3.1.3 两个部分。① 对于第二序位的相关规范均是从反面或让步的方式进行规定,体现出在海上搜救活动中国家合作程序设计之时,国家管辖海域内主权问题的第二序列。

第二,这一位阶是国际关系理论模式中国家合作双赢的理论要求。海上搜救活动中国家合作程序设计里的价值位阶从理论上是解决国家主权与人权之间关系的具体体现之一,是国际法理研究中的重要课题。依据这两者之间的优先性的差别,形成了现实主义的理论模式与理想主义的理论模式两个不

---

① 根据《国际海上搜寻救助公约》的第二条的规定:本公约的任何规定,不得损害根据联合国大会(XXV)第 2750 号决议召开的联合国海洋法会议对海洋法的编纂和发展,也不得损害任何国家目前和今后就海洋法以及沿海国和船旗国的管辖权的性质和范围所提出的要求和法律上的意见。该条款从反面排斥了《海洋法公约》中相关问题的干扰,为程序性设计的第一性提供了更多的空间,避免了相关立法的矛盾性及冲突性。

同的观点。① 虽然从整体上两种不同的理论模式各有利弊，但在具体的领域中并不能同一而视，而是各自发挥不同的优势作用。在研究海上搜救活动的相关国际法问题中，学者将遇险人员的生命权与国家管辖海域主权之间进行位阶化处理的依据和理由如下。

一方面，主权与人权在国际法治维度中并不总能相辅相成。② 主权与人权之间的关系需要在特定的国际法治环境下进行探讨，不能在所有的国际法问题的分析中一概而论。在某些情形下，维护国家主权本身就是对一国公民人权的维护，如果主权遭到破坏，公民的生命安全或人身自由等基本人权就不能得到根本的保障。然而，在具体研究海上搜救的国际法问题过程之中，这个观点并不总能成立。有些情形下，认为主权高于人权的现实主义理论模式存在应用上的弊端。例如，在海上搜救活动中，国家可以基于管辖海域内的主权问题单方面干预搜救活动的顺利开展，从而不利于国家之间的信赖以及在搜救这一具体领域内的深化合作、互利共赢，最终不能形成并发展这种国际性的海上搜救合作。据此，如果将国家管辖海域内的主权问题放置于第一序位，则将与国家合作这一目的相违背，无法真正有效地设计一套紧密合作的国家海上搜救体系。③

另一方面，在研究搜救合作中人权高于主权应用具有相应的意义。从正面看，在研究海上搜救的国际法问题过程中，认为人权高于主权的现实主义的理论模式就存在应用上的合理性。与现实主义的理论模式不同，认为人权应高于主权的理想主义理论模式虽然同样存在着过于理想，乃至于是一种空想或幻想的弊端，但这并不意味着这种理论没有任何适用余地，或是在某一特殊领域之内没有任何存在意义。④ 理想主义模式是一种国家和个人追求安全稳定的表现，是国家进行深化合作并维持某一具体领域内国际关系的重要

---

① ［美］卡伦·明斯特：《国际关系精要》，潘忠歧译，上海人民出版社2007年版，第108－121页。

② 何志鹏：《超越国家间政治——主权人权关系的国际法治维度》，载《法律科学》2008年第6期，第18页。

③ 贾兵兵：《国际公法：和平时期的解释与适用》，清华大学出版社2015年版，第254－255页。

④ B. B. Jia. "The Synthesis of the Concepts of Sovereignty and the Rule of Law: Reflection on the Contemporary Chinese Approach to International Law", *53 German Yearbook of International Law*, 2010, pp. 11 – 61.

支撑。目前虽然从一般角度而言，这一理论模式存在着诸多不完善的地方以至于无法完全取代现实主义模式，但在海上搜救活动这一特殊领域内却能够稳固的存在，并体现出立法设计（《搜救公约》）的合理性。①

第三，这一位阶是国际法治进程的要求。研究海上搜救的国际法问题的价值位阶还得益于国际法治理论的支撑。国际法治标准本身即是一种价值衡量，是对复杂的国际法治理念以及国际法治关系价值的衡平。② 虽然这种法治标准并未在国际法学界上得以清晰的界定，但是可以明确的是国际法治标准应以人为本并应从实体与程序规范两个层面上建构。但现实中，从这两个不同建构层面来看，程序规范的建构往往相对欠缺，导致国际法治进程被阻碍。因此，需要重点在程序上不断完善国际法治要求，体现以人为本即人本主义的国际法治理念。③ 在海上搜救活动中，国家合作程序是这一理论的具体表现形式之一，也是这一价值位阶得以存在的重要依据。如果在海上搜救活动中将国家主权这一问题过多掺进程序设计中，那么搜救活动的最终使命便容易延误且难以真正落实，多数遇险人员的生命安全便无法得以保障。④ 据此，这一现状的产生不仅难以真正实现或达到国际法治进程中所要求的"以人为本"或"人本主义"理念，反而会使大批遇险人员因程序设计不当而被延误救援。故而整个程序性规范便无法满足国际法治进程的要求以进一步完善，产生诸多欠缺之处。相反，如果设计合作程序时在两种不同的价值目标之间形成必要的位阶关系，将海上遇险人员的生命权置于第一序位，并适当顾及国家管辖海域内的主权问题，则在海上搜救活动这一特殊领域内能按国际法所要求的以"人本主义"为中心理念设计整个程序规范，为国际法的进一步发展提供良好的范本与借鉴。⑤

---

① 罗艳华：《国际关系中的主权与人权——对两者之间的多维透视》，北京大学出版社 2005 年版，第 45 - 60 页。

② G. T. Kurian. *The Encyclopedia of Political Science*, CQ Press, 2011, p. 1496.

③ 何志鹏：《"良法"与"善治"何以同等重要——国际法治标准的审思》，载《浙江大学学报（人文社会科学版）》2014 年第 3 期，第 133 - 134 页。

④ 曲波：《南海区域搜救合作机制的构建》，载《中国海商法研究》2015 年第 3 期，第 64 页。

⑤ 张暮辉：《马航失联后国际合作新亮点》，载《中国报道》2014 年第 4 期，第 102 页。

第四节　全球海洋环境治理论

海洋是一个自由流动的、连通的整体，从自然意义上说，各水域、溶于或悬浮于水中的物质、海洋中的生物群、海洋气候以及其他与海洋有关的要素所共同构成的生态系统统称为海洋环境，①"我们不是被海洋分割成了各个孤岛，而是被海洋联结成了命运共同体"。② 因此，解决环境问题不能只孤立地关注环境本身，而是要重新规划人类与自然系统之间的整体关系，从规范角度看，需要学界对制度以及治理方法之间的功能重叠部分进行再梳理。"海洋环境"一词并非陌生概念，其贯穿《联合国海洋法公约》，并在与海洋相关的横向法律体系中呈现不断发展和融合的趋势，要求在海上搜救活动中保护海洋环境即是体现。而在泛全球化背景下，国际社会拟协调多元主体从各涉海活动方面对海洋进行综合治理，因此在实施海上搜救过程中，全球海洋环境治理论将对解决海上搜救中的环境问题提供理论依据。

一、全球海洋治理下的海洋环境治理

海洋环境是全球海洋治理的主要治理客体之一。20世纪90年代罗伯特·莱尔·弗里德海姆（Robert L. Friedheim）首次提出全球海洋治理的概念，将全球海洋治理定义为"制定一套公平、有效的分配海洋用途和资源的规则和做法，提供解决冲突的手段，以获取和享受海洋惠益，特别是缓解相互依赖世界中的集体行动问题"。③ 在该定义中，海洋治理的客体包括海洋用途、海洋资源和海洋冲突（观点一）。我国有学者指出，全球海洋治理的客体是已经或者将要影响全人类共同利益的海洋问题，包括海洋环境、海洋资

---

①　帅学明、朱坚真：《海洋综合管理概论》，经济科学出版社2009年版，第159页。
②　《人民海军成立70周年　习近平首提构建"海洋命运共同体"》，见人民网（http://cpc.people.com.cn/n1/2019/0423/c164113-31045369.html），最后访问时间：2024年5月20日。
③　参见刘晓玮《追求善治：国外学界关于全球海洋治理的研究综述》，载《浙江海洋大学学报（人文科学版）》2021年第3期，第13页。

源开发、全球气候变暖、海洋突发事件应急以及海洋安全等方面（观点二）。① 此外，亦有学者从全球海洋治理客体的本质出发，认为全球海洋治理客体具有发生频率高、持续时间长、影响范围广、威胁人类根本利益以及非个体所能解决等海洋治理问题（观点三）。② Robert L. Friedheim 的观点对全球海洋治理进行了定义，但未对全球海洋治理的客体加以描述，仅点出全球海洋治理针对的对象是海洋用途、海洋资源和海洋冲突，但指出这些方面的治理"需要集体行动"；观点二认为全球海洋治理客体的本质是对全体人类共同利益有影响的海洋问题，突显了全球海洋问题给人类社会带来影响的紧迫性，相较观点三而言该定义更具开放性和宏观性，但忽视了全球海洋治理需要国际社会集体行动的"全球性"的一面；观点三在指出全球海洋治理客体的本质的基础上还对其特征进行了列举，包括发生频率高、持续时间长、影响范围广和需要国际社会集体行动加以应对，相较观点二而言更利于直接、具体地把握全球海洋治理客体范围。尽管上述观点中定义的全球海洋治理客体的特点、范畴不尽相同，但均体现了《联合国海洋法公约》序言中的精神内涵——全球海洋治理的客体事关全体人类共同利益，需要国际社会共同行动。据此，我们可以认为全球海洋治理的客体为影响全人类海洋安全利益且需要国际社会集体应对的海洋问题，具体包括海洋生态环境保护、海洋资源可持续开发、海洋安全和海洋争端解决。综上，全球海洋治理不仅包括人类与海洋之间的利用纠纷，还包括延续到海洋领域的人类在陆地上的竞争，如地缘政治、岛屿划界等多元化的纷争。

全球海洋环境治理作为全球海洋治理的重要组成部分，两者的治理对象虽均为海洋，但在治理的目的和方法上都有所差异。从治理的目的来看，传统国际法形成的双边互惠关系已经不足以解决一些关切到人类共同利益的事宜，③ 国际社会意识到需要在更广泛的层面形成统一规则，进而使国际社会整体都能参与共同利益的保护。因此，全球海洋治理作为全球治理规则在海洋领域的具体体现，核心在于调和各主体利益之间的冲突，在多元主体的参

---

① 王阳：《全球海洋治理：历史演进、理论基础与中国的应对》，载《河北法学》2019 年第 7 期，第 175 页。

② 袁沙：《全球海洋治理：客体的本质及影响》，载《亚太安全与海洋研究》2018 年第 2 期，第 87 页。

③ Simma B. *The Charter of the United Nations: A Commentary*, Oxford University Press, 2012, pp. 238 – 240.

与下实现海洋领域的国际共同治理。① 而海洋环境治理的目标则更为聚焦，其旨在在海洋治理议题下实现海洋生态环境、海洋生物多样性等直接关切海洋环境的一切行为的整合。而从方法来看，因为治理目的存在差异，在全球海洋治理中所运用的方法将更多元和丰富，主要体现在治理的机制和规则更体系化。由于全球海洋治理的客体更广，需要各主体协商合作的内容也更多，因此形成的共同规范和约束也更易形成系统和整体性。而全球海洋环境治理仅聚焦与环境相关的事宜，在制度规范上则呈现专业化和碎片化的特点。

二、全球海洋环境治理论在海上搜救中的证成

如前所述，全球海洋环境治理论所关注和解决的问题较为具体，虽就某一类问题做出专门性的规制，如《联合国气候变化框架公约》《防止倾倒废物及其他物质污染海洋的公约》《国际防止船舶造成污染公约》等，但在更多涉海活动中仅以"保护环境""防止或减少污染损害"等较为简单、抽象的描述来强调保护海洋环境的重要性。就海上搜救这一非常规性海洋活动而言，全球海洋环境治理论的理论支撑点具体体现在以下方面。

首先，保护海洋环境是各国参与海洋活动的基本义务。《联合国海洋法公约》是全球海洋环境治理规则体系的代表性公约，其中第十二部分对海洋生态环境保护的规则和原则做出系统而全面的规定。《联合国海洋法公约》明确规定，各国有保护和保全海洋环境的义务。该规定独立于海域的划分和对海洋活动的论述，是对各国一般性义务规定，这意味着无论在什么海域，无论是否有国家专属的管辖权，也不论从事和开展何种海上活动，都应该将保护海洋环境作为一项基本义务来履行。其次，救助行为本身即包含对海洋环境的保护和保全。目前，《搜救公约》中虽未提及有关环境的问题，而重在对海上搜救的程序性和组织性问题进行规定。但在《搜救公约》中明确指出，该公约应注意到一些重大发展，尤其是人们对保护环境的日益关心，要认识到及时有效的救助作业，对处于危险中的船舶和其他财产的安全以及对环境保护能起重大的作用。这表明，海上搜救行动的内容之一就包含对海洋环境的救助，即对突发事件造成的海洋环境损害应尽可能防止或减轻损害程

---

① 王阳：《全球海洋治理：历史演进、理论基础与中国的应对》，载《河北法学》2019年第7期，第167页。

度。最后，在可持续发展理念的指导下，海上搜救理应被纳入海洋环境的综合治理范畴。自1972年召开的斯德哥尔摩会议提出了采取国际环境行动保护和改善人类环境的建议后，环境成为国际社会的热议话题，1987年世界环境与发展委员会在第42届联合国大会公布的报告指出，未来的环境发展要遵循可持续发展原则——既要满足当代人的需要，又不损害后代人需要的能力发展。[①] 在可持续发展理念的指导下，任何可能影响或威胁人类共同长远发展的行动都应该遵循"比例原则"，把危害和损失尽可能降到最低。就海上搜救而言，一方面该活动包含的环境救助功能本身就是对该原则的践行，但另一方面该行动在实施和操作过程中也会对环境造成威胁，因此将海上搜救活动纳入全球海洋环境的综合治理范畴具有应然性和必要性。

需要指出的是，人权倾斜论和全球海洋环境治理论虽均为海上搜救中法律问题的重要理论基础，但两者并不存在明显的排斥和冲突，相反两者在海上搜救过程中应互为表里。一方面，人权和环境发展具有共生关系，甚至在环境法领域，已有学者论证作为人权的环境权存在。[②] 人权也只能够在满足人类维持自身生存发展需要的环境中表达，环境的可持续发展更有利于人权的完满实现。另一方面，人权和环境并不是非此即彼的关系。海上搜救要尽全力保护海上遇险人员的安全，但不等同于要以破坏海洋环境为代价；同样，不能一味地追求环境损害的最小化而耽误或延迟对人命的救助。在开展海上搜救的过程中，应该适当、适度，结合具体情况尽可能追求环境和人权的平衡。

---

① 见《布伦特兰报告》。
② 王雨荣：《略论作为人权的环境权》，载《法制与社会发展》2023年第4期，第101页。

第三章 全球环境治理视阈下海上搜救的法律主体问题

进行海上搜救的国家是研究海上搜救的国际法主体问题的保证。之所以聚焦海上搜救中的"国家",是因单一联合主体论这一理论要求所产生的。由于海上搜救活动中的国际法主体只有国家,即使存有与搜救活动相关的国际组织也要体现相应的国家意志。故而就应以国家为轴心,厘清并识别出海上搜救活动中国家的范畴,并在此基础之上探讨可能产生的国家间合作的法律问题,最后得出解决相关问题的建议。

第一节 海上搜救活动中的国家识别

海上搜救活动中的国家识别,实质是一种对参与搜救活动的国家所进行的角色划分,其目的在于方便研究其中的国际法问题。本节在识别海上搜救活动中的国家时,主要以国家参与并实施救援活动中所处地位的不同而进行分类。识别海上搜救活动中不同国家的角色,是研究相关法律问题的前提和准备,对国家之间合作的研究也具有基础性意义。

一、搜救协定下的缔约国

搜救协定下的缔约国是指参与并实施海上搜救活动的国家属某一具体的国际条约或协定的缔约国,并且该国是本着履行该国际条约或协定的方式从事海上搜救活动,因而要承担相关的国际法义务。这里所提及的搜救协定是广义上的搜救协定,既包括了多国间所订立的搜救协定(如《搜救公约》),也包括了两国之间所订立的双边搜救协定(如 2003 年瑞典与挪威所签订的《关于航空和海上搜寻与救助合作协议》)。根据这一定义,搜救协定下的缔约国具有以下两点属性。

第一，搜救活动的义务性。以搜救协定下的缔约国从事海上搜寻与救助活动，其本身即会以相关的国际条约或协定为依据，同时这些国家往往依据这些国际条约或协定所确立的搜救责任区域为范畴从事海上搜救活动。① 因此，搜救协定下的缔约国从事海上搜救活动是承担相应国际法下的义务而开展的活动，这些国家如何参与搜救或如何规范自身的搜救行为需要符合所缔结的公约或协定，因此它并不属于一种人道性的自发救援行为。以 2003 年瑞典与挪威所签订的《关于航空和海上搜寻与救助合作协议》为例，该协定确定了两国所确立的搜救区域为共同的搜救责任区。在这一框架下，如果瑞典和挪威共同在这片搜救责任区展开救援行动，那么即可视为这一搜救协定下的缔约国所参与的海上搜救活动。同时，搜救协定下的缔约国应该以所缔结并达成的公约为行动准则，不得违反。

第二，搜救活动的规范性。搜救活动的规范性源于搜救活动的"义务性"属性。以相关的国际法为依据，搜救协定下的缔约国在从事相关的搜救工作时，应该遵循所缔结的国际条约或协定，包括相关的实体性要求和程序性规范。② 这表明，如果缔约国违反所缔结的相关条约或国际协定时，应该要视为国际法上的不法行为，进而可能承担相应的国家责任。同时，这种国家责任或是依据所缔结的条约或协定予以确定，也可能以实际造成的损害为衡量进而确定所承担的责任。从这一层面出发，缔约国本着遵循所缔结并加入的搜救协定为宗旨，并按照相关的要求规范履行这一协定，即能够体现出搜救活动的规范性。③ 需要明确的是，如果两个国家之间缔结并加入搜救协定的数量多于一个时，则应该先要明确所处的责任海域是否为两国所缔结协定的范围之内。如果是，那么首先应该要遵循该片责任海域内所缔结的搜救协定。对于搜救协定之中未提到的部分，就应在判定是否属于《搜救公约》缔约国的前提下，决定是否要受到该公约或其他一般国际规则的调整和制约。

---

① 史春林、李秀英：《中韩加强海上搜救合作研究》，载《东北亚论坛》2015 年第 4 期，第 97－104 页。

② 史春林、李秀英：《中日加强海上搜救合作研究》，载《日本研究》2015 年第 2 期，第 23－29 页。

③ 肖洋：《北极海空搜救合作：规范生成与能力短板》，载《国际论坛》2014 年第 2 期，第 13－19 页。

二、人道主义救援国

人道主义救援国是指尽管针对其所从事的搜救活动不承担任何国际法义务，但基于人道主义考量而自发并主动对海上遇险人员实施相关救援行动的国家。与搜救协定下的缔约国所不同的是，人道主义救援国可以为全球任何一个国家实施救援，不仅包括众多沿海国，还可以包括相关的内陆国。不管海上遇险事件发生于全球的哪一海域，除非管辖该海域的沿海国明确阻止或禁止某一人道主义救援国进入实施救援，任何国家均可在符合其他相关国际法规范的前提下（如在航行过程中遵循相应的航行避碰规则）提供相应的人道主义救援。此时沿海国的阻止或禁止必须要有正当的法律依据或理由，例如该国已经违反了在沿海国管辖海域内的维护安全之相关规范等。基于此，人道主义救援国本身具有两点属性。

第一，搜救活动的自愿性。自愿性是指人道主义救援国是积极主动投入搜救活动之中的，并非受到其他相关国际法规范的束缚，也并非因受到来自其他国家的制衡或压力才参与救援活动之中。人道主义救援国的自愿性救援是本国的自发性行为，同时也有可能是来自其他国家善意的邀请，故而参与到救援活动中。因此，海上搜救活动中人道主义救援国从事搜救活动的自愿性一方面体现并源于没有相关搜救协定的约束和规范，另一方面也在于人道主义救援国本身的主动或善意被邀请。所以，从这一属性上来看，其与搜救协定下的缔约国之间存在较为明显的差别。

第二，搜救活动的人道性。人道性是指人道主义救援国主观上本着救助海上遇险人员为使命进行救援。从人道主义本身出发，它侧重于提倡关怀人、尊重人，是一种以人为本、以人为中心的世界观。在海上搜救活动这一领域中，人道主义性质体现在人道主义救援国以救助海上遇险人员为己任、本着对遇险人员生命健康权的关怀和尊重而对其进行救援，并且这种救援不以海上遇险人员的其他财产为代价，也不涉及报酬。从来源的角度分析，这种人道性一方面源于在整个海上搜救活动中人道主义救援国的非规范性地位（其既不承担搜救协定下的国际法义务，本身也不属于遇险人员的国籍国），另一方面也源于本身善意和主动负责的国家态度。而不论是出于何种动机而实施的人道主义救援活动，这种行为对于提升该国国际影响力和国际地位都发挥着积极的促进作用。

三、环境救助国

环境救助国是指出于海洋环境保护一般义务而自发地或基于协议有组织地参与到海上搜救中的国家,他们的救助行为是围绕保护和保全海洋环境、防止或减轻海洋环境污染而展开。在传统救助法观念下,海洋环境并不能成为单独的救助对象。但为了防止船舶污染海洋环境事故的发生,以及可持续发展理念下人们对海洋环境的需求和重视程度日益增长,《1989 年国际救助公约》将救助人在防止或减轻对环境损害方面的技能和努力作为衡量救助报酬的因素之一,并为环境救助设定了特别补偿。[①] 从这个意义来看,环境救助也成为救助标的之一。[②] 另外也有观点认为,救助若能防止或减轻环境损害,也属于救助的成功,也能支持环境救助的独立化。[③] 但不同于救助报酬视角下对环境救助的定义,全球环境治理视阈下的环境救助是以国家为主体,基于国际法上各国所具有的保护海洋环境的一般义务而产生,并以直接实现海洋环境的救助为目标。据此,环境救助国具有以下两点属性。

第一,搜救活动的秩序性。搜救活动的秩序性是指作为一项有组织的工作,海上搜救活动为了在短时间内高效完成海上搜寻和救助任务,必须分工合作,而环境救助国的任务就是以环境救助为目标,有序地参与海上搜救活动。区别于传统海上搜救活动从外部观察,重点强调海上搜救区域的划分与各区域内部的合作,环境救助国是从内部分工进行探讨,从救助义务的来源以及工作内容展开。尤其是在同时涉及人命、财产和环境灾害的救助行动中,如船舶漏油污染但同时存在人员伤亡情况,相较于划分不同的搜救区,此时更强调同时减损油污污染的进一步扩大和保障人员生命安全,环境救助国的身份也就具有必要性。

第二,搜救活动的功能性。搜救活动的功能性是指海上搜救活动的产生就是为了当灾害严重程度超出受灾国家的救助能力范围时,在国际社会上形成合作进而解决海上的突发事件。伴随着船舶污染的常态化,环境救助的需求也逐步加强,因此环境救助国参与搜救活动就是完成防止和减轻海洋环境污染的救助功能。在船源污染事故中,海洋的流动性导致其对污染的扩散和

[①] 参见《1989 年国际救助公约》。

[②] 司玉琢主编:《海商法》,法律出版社 2007 年版,第 295 页。

[③] 杨良宜:《海事法》,大连海事大学出版社 1999 年版,第 384 页。

传播速度更快，更容易引发严重的海洋环境污染甚至生态灾难，进而对沿海国甚至全人类所生存的海洋环境造成威胁。且从损害后果的因果链上看，海难事故造成的环境污染与生态损害也可能影响人的生命和健康。因此，出于海上搜救的功能性，可能受到污染波及的沿海国、正在附近的具有救助装备的船旗国都可能成为搜救活动中的环境救助国。

第二节 海上搜救活动中国家间合作的法律问题

当"马航 MH370 事件"这样大型海上搜救活动发生时，其搜救行动往往需要多国共同参与并合作完成，这必然涉及对国家合作的法律问题的分析。另外，海上搜救合作体系还会受到搜救行业内技术的影响，从而不易形成一个紧密且具有逻辑性的法律体系，故整个《搜救公约》中（包括我国的《预案》）对国家合作程序的规定往往更类似于一个行业技术指导。这一现状导致在实际搜救过程中，《搜救公约》对缔约国的约束力减弱，无法有效地指导搜救活动的顺利开展。因此，有必要先从一般性的角度考量国家进行合作的必要前提和基础，而后厘清国家合作的划分范畴以分析所产生的法律问题，最后明确我国在这样的问题中所处的地位和发展方向。

一、海上搜救活动中国家合作的考量前提

基于海上搜救任务地域范围的宽广性和搜救作业的难度，国家之间的合作是客观和必要的。除此之外，各国海上搜救责任区域的划分范围存在较大差别，单个国家可能无法满足海上搜救的实际需求，其搜救设备和能力也有一定的限度，故而应该由另一国参与海上搜救以加强该海域的救助力量，这些都反映了国家之间合作的必要性。笔者认为，在考量海上搜救活动中国家合作的具体问题前，有必要先厘清国家间进行合作的考量前提，为研究国家合作范畴的划分奠定基础。具体而言，国家间进行合作的考量前提包括海上搜救活动中国家合作的基础与海上搜救活动中国家合作的基本要素两个方面。

（一）海上搜救活动中国家合作的基础

海上搜救活动中国家合作的基础是国家间相互存有进行搜救合作的意愿。并非任何两个国家之间都能够进行海上搜救合作，从理论上来说，满足

以下三点必要条件的国家,才有可能缔结海上搜救协定,并合作进行海上搜救活动。

第一,双方水域相连。双方水域相连是国家之间从事海上搜救活动的地理前提。从全球海上搜救责任区的划分来看,如果两个国家或多个国家海域之间没有水域关联,那么这两国就不大可能进行搜救合作。这是因为海上搜救责任区的划定和船舶的通行要求合作方的水域不能完全隔离,否则这种搜救区域的确定就是碎片化的。需要明确的是,这里所言及的相连,并不是绝对的指水域在地理上相互连接,也并不严格地代表两片责任海域在距离上应在多少公里范围之内,而是至少应有一定的联系,包括国家之间的商贸往来、地理相邻等多种联系途径。

第二,搜救力量互补。海上搜救合作形成的前提在于两国各取所需,互相补充。搜救力量的互补形式可以是多样的,它既可能是国家之间信息系统和信息技术之间的沟通和往来,也可能是装备上的利用与调遣。举例而言,在《北极航空和海洋搜救合作协议》之中,缔约国各方的搜救合作就有关于相应设施和装备上的合作,如机场、港口、油站等。[①] 因此,如果一个国家无论从搜救技术还是制度体系上都不成熟,并且也无法给予其他国家必要的补充,那么这种搜救合作的可能性就会变低,即使能够进行相应的海上搜救合作,其成功性和所发挥的作用也是不大的。

第三,履行有关公约或海上安全保障客观形势的需要。海上搜救合作需要国家之间以公约或协定作为制度基础,并在海上遇险情形发生之时按照公约或协定的要求从事救援活动。这里所提及的公约或协定,既可能是缔约国之间所缔结的双边合作协定,可能是《搜救公约》或《北极航空与海洋搜救合作协议》这样的多边公约,也可能是组织并调动人道主义救援国积极进入并参与到救援活动中的临时安排。无论国家之间采用何种形式,其必须要有一定的制度或安排作为合作的基础,同时也要以保障海上安全或救助海上遇险人员人命为合作的宗旨。

(二)海上搜救活动中国家合作的基本要素

海上搜救活动中国家合作的基本要素是国家合作构成体系的组成部分,也是拆分国家合作体系各单元构成的必然结果。笔者认为,海上搜救活动中

---

① 肖洋:《北极海空搜救合作:成就、问题与前景》,载《中国海洋大学学报(社会科学版)》2014年第3期,第8—13页。

国家合作的基本要素主要有以下几点。

首先，国家合作主管机关。国家合作主管机关是双方海上搜救合作的接触点，也是进入并启动搜救程序的起始点。因此，几乎各个海上搜救协定之中都会明确"国家主管机关"一项。实践中，国家之间可能直接规定海上搜救国家合作主管机关，① 也同时可能在搜救协议的附录中或其他外交渠道以书面形式通知相应的主管机关。② 海上搜救国家合作机制中所指定的主管机关应该是搜救事务的实际协调者和指挥者，其必须具备相应实际协调的能力和基础。同时在此基础上，履行作为国家搜救合作主管机关所必须应尽的职责。

其次，海上搜救合作区域。基于国家搜救能力的有限性，缔约国并非在全部水域开展搜救性协作，而是需要明确多个子搜救责任水域和双方开展搜救合作的限定水域。国家间责任搜救水域的划分通常以国际法为基础，通过协议以明示的方式确定各自的搜救责任水域，承担救助义务。缔约国之间确定海上搜救合作区域的方式也各不相同，有的搜救责任区是通过划定经纬度得以确定，而有的搜救责任区则直接按照相关的地理描述确定。不管通过何种方式确定海上搜救合作区域，国家搜救合作的开展总是特定的，并且具有一定的轮廓。

再次，搜救合作的具体事项。在国家海上搜救合作的过程之中，基于国家搜救技术水平的差异，国家间全方位合作存在的概率是较低的。这也意味着，缔约国之间并不可能在全部搜救合作事务上进行合作，而是要结合缔约国的实际情况选择一些特定的合作领域，包括在搜救通信、搜救协调、工作程序、搜救力量的进入和使用等领域进行合作，除此之外，这些合作还可能渗入一般常态化的合作中，例如国家与国家之间针对搜救人员的技术培训，包括在人员技术训练、人员资格培训等领域进行合作等。不论搜救国之间就何种事项进行合作，这些内容应该尽可能地具体化，对于绝大多数国家而言，搜救国之间缔结的协定往往能够明确所要合作的具体内容。

最后，问题的解决方式。搜救协定中除了相关的基本问题之外，还应该包括国家之间就重大问题和争议问题的解决方式与途径。这种方式主要通过专门设立"争端解决"条款确定，也可以通过明确与其他相关协议的关系表

---

① 参见瑞典与挪威签订的《关于航空和海上搜寻与救助合作协议》。
② 参见《北极航空与海洋搜救合作协议》。

达。例如《北极航空与海洋搜救合作协议》中就专门设立了两个条款明确的相关问题解决方式。"除了本协议附件第1段，本协议的规定不得影响缔约方在本协议生效之日前他们之间的协议已经确定的权利和义务。""各缔约方应通过直接谈判解决对本协议的适用或解释的任何争端。"

二、海上搜救活动中国家合作的划分

划分海上搜救活动中的国家合作，是建立在国家合作的基本要素之上。海上搜救活动中的国家合作，可以划分为实体性合作及程序性合作两个部分。其中，实体性合作是程序性合作的前置，是国家进行搜救合作并发动救援前所必须明确的一般性事项及准备性事项，包括了国家合作程序确立之前所厘清的相关实体问题，而程序性合作是实体性合作之后的必然结果，也是实现实体性合作的具体步骤和过程。

（一）实体性合作

国家之间的实体性合作是国家正式发动救援合作前所必须明确的重要前提，结合《搜救公约》等相关法律的规定，现有搜救活动中国家之间的实体性合作主要包括以下几个部分。

第一，海上搜救责任区内的合作。海上搜救责任区内的合作，是海上搜救国之间共同达成的、在海洋上某个已经划定的区域内提供公益性救助服务的行为。搜救责任区内的合作，实际上是一种区域内的合作。以我国南海海域为例，受到争议海域和国家之间海洋权益争端的影响，南海各国之间并没有二维式的划定搜救责任区，形成统一的协议，但这并不代表南海各国之间的搜救合作不存在。例如，2003年中国广西壮族自治区防城港市与越南广宁省签署了《越南下龙湾至中国防城港高速客轮航线搜救合作协议》，双边交换了海上搜救预案备案，并相互交流了海上搜救预案，建立了中国防城港与越南广宁海上搜救合作机制，为中越双方实施海上搜救合作提供了保障。在此基础上，两国搜救责任区域暂定为高速客轮航线的全部路程。①

第二，国家就通行问题所展开的合作。国家就通行问题所展开的合作是指搜救单位在相关海域进行联合搜救行动时，很可能会进入或通过另一国领海，这就需要国家针对沿海国领海的通行问题进行进一步的磋商与规定，最

---

① 余元玲：《中国—东盟交通运输合作机制研究》，载《甘肃社会科学》2012年第4期，第171页。

终建立一种通行意义上的合作关系。这具体包含两种情况：其一，进入他国领海进行搜救。在国际社会中，除非是一国政府同意，否则为保证本国的主权安全，原则上是不允许他国的搜救船舶在本国领海进行搜寻与救助活动，例如《海上交通安全法》中就明确规定了外国船舶要进入我国领海开展搜救活动前，必须经过我国主管机关的批准和许可。其二，通过他国领海以抵达涉事海域进行搜救。在通过他国领海以抵达涉事海域进行搜救的情况下，如果他国搜救船舶能够遵守《联合国海洋法公约》以及其他国际法的规定，在不损害沿海国的秩序和安全的前提下，穿过沿海国领海但是不进入内水水域或从内水水域驶出并且其航行行为是连续不断和迅速前进时，则该搜救船舶就满足了无害通过权的构成要件，可以通过一国的领海而驶入其他海域从事搜救活动。① 如果搜救国的通行行为不能够满足无害通过权的构成要件，那么针对该国的通行规范，是需要进一步与沿海国进行协商的。

　　第三，服务提供的合作。搜救合作国之间就相应的救助服务项目达成一致的意思表示，以共同为海上遇险人员提供的必要的救援服务事项，视为服务提供的合作。无论是搜救协定下的缔约国、人道主义救援国，还是双重身份国，他们总要为海上遇险人员提供一定的救援项目。例如，《黑海沿岸国关于海上搜寻与救助服务的合作协议》中第七条就规定了信息服务的合作项目：缔约方应当对搜救区域的位置、单位和设备信息进行交换。笔者认为，根据服务提供时间的不同，这种实体性的合作主要可以分为两个部分：其一，基本服务合作。基本服务合作是缔约国为救助遇险人员所提供的直接性、基础性的合作，这些合作包括定位信息的互换、搜救系统的互通，其主要侧重的服务目的是定位并救助遇险人员的生命。在基本服务合作的过程之中，海上遇险人员并未真正获得成功的救助，其仍旧处于定位或正在进行的救助过程之中。事实上，由于保障海上遇险人员的生命安全是首要部分，也是后续治疗的前提性要务，大部分的搜救协定主要侧重的是这种基本的服务合作。其二，善后服务合作。相比基本服务合作而言，善后服务合作具有明显的延续性，它发生于救助已经成功的情形之下。由于遭遇海上遇险事件，

---

　　① 即在不损害沿海国和平、安全和正常秩序的前提下，可在事先不通知或不征得沿海国同意的条件下，连续不断地通过该国领海的权利。沿海国可以制定有关"无害通过"的法律和规章，对于违反这些法律和规章的，沿海国可以采取相应措施；并且多数国家仅允许外国非军用船舶享有此权利。（参见王铁崖《国际法》，法律出版社1995年版，第267－269页。）

遇险人员的身体健康仍然处于较差的状态，需要相关国家进一步的提供医疗和善后救援，以使其恢复健康。尽管受到海上搜救活动成功概率的影响，遇险人员的善后服务合作往往不常存在于相关的搜救协议之中，但是也有例外。例如，《北极航空与海洋搜救合作协议》就直接确立了各个缔约国之间提供搜救服务的事项，包括食物补给、医疗互助、燃油补给等内容。[①]

（二）程序性合作

海上搜救活动中国家之间的程序性合作，是必要准备措施完成之后所进入的程序性搜救合作阶段。《搜救公约》将国家间正式的搜救合作程序以阶段的形式划分，并在划分后逐一阐明各个阶段的具体内容，尤其是遇险阶段确立之时，国家应遵循的搜救工作程序。具体而言，程序性合作主要包括了以下几项内容。

首先，不明阶段下的国家合作程序。在不明阶段，国家海上救助协调中心会接到相关的报告，告知船舶、航空器和其他运载工具并未按照指定的时间到达预定的目的地，并且它们还未能按照相关的要求发送船位安全报告。据此，国家对船舶、航空器和其他运载工具上的人员安全持有怀疑态度。由于在不明阶段期间，国家并不能准确识别相关人员是否真正处于险境，故而这种合作实际上也只是处于一种初级阶段。在不明阶段国家可能需要建立一种综合评估体系，并评估船舶在整个通行过程中的航线分布，进而判断途中所经过的搜救责任区。同时，在必要的情况下加强与其他各国海岸电台或空中管制部门的沟通与交流，并进行相关的计算以确定该船舶本应航行路径的偏离程度和偏离位置，当计算结果表明该船舶确实已经严重偏离了正常的轨道，该国就可以通过网络设施向其他邻近国家或邻近站点发布紧急通告，请求其他国或有关人员在条件允许的情况下保持对失踪或逾期未抵船舶的瞭望。当经过初步的判断和信息交换时，如果现状表明紧急事件并没有发生，船舶、航空器等运载工具并没有处于危险之中，那么国家之间的合作据此终止。如果船舶、航空器等运载工具确实处于危险之中，那么不明阶段之间的国家合作就变成了告警阶段下的国家合作。

其次，告警阶段下的国家合作程序。在告警阶段，国家之间会继续在不明阶段所获得的相关信息的基础上联系航线附近其他国家，并请求这些国家指令附近运输工具的所有人留意，以请求附近的过往船舶、知情者核实所收

---

① 参见《北极航空与海洋搜救合作协议》第9条第2项至第9条第4项。

集信息的真实性。这些信息包括但不限于评估航线的安全性、涉事当时的天气情况以及确定最后遇见遇险船舶时间等方面的信息等。告警阶段实质是在不明阶段发生后，国家面对险情所做出的进一步处理，它意味着遇险事件发生的概率会继续加大，但仍然希冀能够联系遇险船舶以获得准确的信息。当通过努力寻找该船发现遇险情况并不存在时，海上救助协调中心应结束该事件并立即通知船东或船舶代理人以及任何已告警或已动员的运输工具终止工作。如果通过上述行动仍然未确定船舶位置，告警阶段应升级为遇险阶段。因此，告警阶段下的国家合作并没有与不明阶段下的国家合作有实质上的区别，只是紧张程度或合作紧密程度有所提升。

最后，遇险阶段内的国家合作。遇险阶段是海上救助协调中心有足够的理由确定船舶、航空器或其他运载工具及其人员处于危险中，且需要立即救助的阶段。该阶段是在告警阶段发生之后，搜救国未能与船舶或其他运载工具建立进一步的联系，深入调查也没有成功，据此而判断船舶可能处于危险之中。此时海上救助协调中心需要与其他国家共同协商，当计算并预估出遇险船舶可能发生于本国或本国与其他国家之间所划定的搜救责任区之时，国家与国家之间就要制订搜救行动计划，并采取搜救行动。当确立遇险阶段后，搜救国基本可以确定遇险人员大致所处的搜救责任区域，其后与可能参加搜救行动的邻近国家进行沟通协调，例如发出相关的广播或释放一些信号，以用来要求救助单位船舶或过往船舶提供援助。需要明确的是，如果遇险人员已经获救，那么遇险阶段也就应该终止，国家与国家之间的搜救行动则全部宣告结束。

三、海上搜救活动中国家合作所面临的困境

从全球国家之间的海上搜救活动来看，国家之间的搜救合作主要以《搜救公约》为依据进行。部分非缔约国之间可能会形成具体的双边搜救合作，且这些合作往往分布较为零散，并主要以某个具体的海域为责任区域订立相关协定展开合作。因此，从一般性的角度出发，全球海上搜救活动中国家合作所面临的困境主要有以下几个方面。

（一）国家海上搜救合作项目之间的衔接性较差

海上搜救活动中国家合作程序不仅包括具有静态性的合作前置、具体阶段以及搜救终结之后的善后措施等主线程序，还包括国家合作程序彼此之间动态衔接的法律问题。海上搜救活动中国家合作程序之间的衔接包括了两个

方面：其一，海域之间合作程序的衔接。海域之间合作程序的衔接，是指在具体的海域搜救过程中，由于海洋流动等地理因素以及海上搜救责任区的存在，需要协调不同搜救责任区内的缔约国之间以共同参与搜救合作，这里就包括了此搜救责任区与彼搜救责任区之间的合作问题。其二，海域与陆域之间合作程序的衔接。海陆域之间合作程序的衔接，是指国家海上搜救合作程序与陆上搜救合作之间的衔接与联系。由于海上搜救活动是属于国际救援行动中的一种，因此在制订并完善海上搜救活动中的国家合作程序时，需要考虑与国际救援相关法律规范的一般性问题，尤其是在搜救成功之后的海陆之间善后程序的衔接与协调问题。

以相关的物资入境为例，在海上遇险人员被成功救助之后，需要相应的搜救船舶、航空器以及陆上相关机构提供必要的救援物资。在陆地救援实践中，物资入境问题存在着较大的阻碍，包括海关的查验、质量的特殊要求以及清关程序的复杂等。一方面，海上搜救活动中搜救船舶或航空器需要通过一国海关进入可能位于专属经济区或公海内的海域进行救援，因此，与陆地救援不同的是，在海上搜救活动中，不仅包括其他国家物资的入境，还包括本国物资的离境，因此整个清关程序所耗费的时间可能会更长；另一方面，海上搜救活动中船舶及航空器的搜寻及救援活动所需要的整体时间较长，海洋环境也比陆地更为复杂，因此，物资从发出到遇险人员使用的全过程可能也需要一定的时间，此外，还需要考虑相关物资在救援设备上的储存与安置等合作问题。[①]

然而，目前国家之间就海上搜救这一问题所订立的协定对这种搜救项目衔接的考量程度远远不够。例如，《搜救公约》中只是强调了海域之间的合作程序，例如对于海域与陆域之间的合作程序衔接的阐述就明显不足，相关的善后处理规定内容也比较模糊。《北极航空与海洋搜救合作协议》之中也只是强调了海域与航空之间的搜救协调，对于海域与陆域之间的相关规定里只在第9条缔约方合作内容的（c）（d）两项里有所提及，其实质性规定未能在国家之间达成一致。由于《搜救公约》本身未能系统考虑国家搜救合作项目之间的衔接问题，而基本仅使用"协调"或"主管"等类似的协定术语，进而导致多方缔约国在缔结并形成的双边或多边搜救协定时也同样未能

---

① 袁曾：《空难水上救助的道德困境与海上人命救助制度的完善》，载《法学杂志》2017年第6期，第132–140页。

考虑这个问题,最终使整体上国家的搜救合作处于一个相对薄弱的状态。

(二) 国家海上搜救合作受地缘政治性因素影响较大

部分海域存在的地缘政治性问题(如争议海域的存在)是影响国家海上搜救合作的又一重要因素。以南海海域为例,南海各国依据国际公约中海上搜救区域制度的规定,考虑各自地理位置及相关利益,对自己负责搜救的海域在面积上进行了划分。[①] 然而,由于划分搜救海域的任务交于各国家独自完成,南海各国划分的区域存在大面积的重叠,这一现状涉及海洋划界问题。[②] 由于争议海域上对海上遇险人员及船舶的救援与打捞残害物会涉及一部分海上主权的利益敏感性问题,因此,南海搜救责任区与争议海域的关系将会影响南海周边国家搜救活动的进一步合作。

无论是《搜救公约》,抑或是各个国家之间所缔结的搜救协定,其基本均包含了"搜救区域的划分不影响且不得损害国家或国家主权、主权权利或管辖权的任何边界的划分"这样类似主权不受责任区域干涉的条款。[③] 这一条款的设定存在一个重要的前提,即国家之间主权、主权权利及海域边界并无争议,这也意味着如果国家之间存在争议海域,那么在这个海域范围内国家之间进行搜救合作的困难程度就会加大。然而,关于争议海域的搜救合作问题应该如何处理,《搜救公约》本身并没有任何提示。除了"马航MH370事件"这一实例表明国家海上搜救合作的地缘性政治因素影响以外,南海重要国家并非全部加入《搜救公约》之中,这也导致南海国家之间广泛开展搜救合作的可能被降低。在这一公约中就包括当事国之间提供程序上的搜救服务的基本要素:比如在"不明、告警以及遇险阶段"等紧急阶段如何分析和共享紧急情况的情报,比如搜救缔约方在现场活动中如何进行协调部署,现场指挥国的指定和职责以及海面搜寻协调国的指定及职责等内容。然而,尽管中国于1985年6月核准适用该公约,但马来西亚、菲律宾等重要国家均没有加入这一公约,使在存有地缘政治性因素的海域之中展开国家搜救合作会面临更大的困难。

---

① 李志文、王崇:《争议海域搜救中责任区域划定的相关法律问题》,载《学术交流》2015年第12期,第97-101页。

② 曲波:《南海区域搜救合作机制的构建》,载《中国海商法研究》2015年第3期,第64页。

③ 参见瑞典与挪威签订的《关于航空和海上搜寻与救助合作协议》,同时也可参见《国际海上搜寻救助公约》2.1.7项。

（三）国家海上搜救合作结构较为混乱

《搜救公约》中将国家合作程序具体划分为"不明阶段""告警阶段"以及"遇险阶段"，并在这三个不同阶段之间界定出明显的递进关系，且统称为"紧急阶段"。在《搜救公约》中，各个阶段均有明确的定义，相互之间也有明确的关联。遇险阶段是不明阶段及告警阶段的最终落脚点，而不明阶段及告警阶段是确定遇险阶段的必然前提。这种逻辑衔接是构建海上搜救活动中国家合作程序的根本，因此，合乎逻辑的国家合作阶段应该包括以下三个方面。

其一，各个阶段的定义及成立条件。依据海上搜救活动的实际情形而将整个搜救活动划分为不同阶段，需要明确每一阶段的定义及成立这一阶段所必备的条件。各个阶段的定义需要在公约或其他法律文件中以附则的形式给予解释，或者直接在程序划分中给予必要的解释。另外，由于海上搜救活动中三个阶段存在递进转化关系，因此需要以各个阶段的成立条件为厘清手段，清晰地界定每一阶段的特征。

其二，各个阶段中国家的工作程序及任务安排。在厘清正式国家合作阶段的定义及成立条件的前提下，需要明确在每一阶段中国家所面临的行动以及所负责的内容，且这一行动应基本符合前置阶段所做出的工作计划，并结合实际的搜救情势予以调整，直至发动救援以定位遇险船舶。除了在程序上将具体安排放置于"遇险阶段"，并明确各步骤的衔接顺序，还应在任务分配上明确负责的内容，区分人命救助、财产救助和环境救助，以实现海上搜救工作在纵向和横向上同时展开。

其三，各个阶段中国家的指挥安排。与定义条件或工作程序等静态性要求不同的是，在各个程序阶段中还需要确立国家相关机构的指挥安排，阐明在实际操作并运行这些工作程序中，国家相关指挥机构的指定以及安排。这种指挥包括现场指挥、代替指挥两种方式。现场指挥可以涵盖于每一阶段之中，由相应的领导机构进行必要的指挥以完成每一阶段所需要的工作任务；而替代指挥则存在于遇险阶段中，在无救助单位（包括军舰）担任现场指挥，而其他相关商船或其他船舶参加搜救工作时，应通过相互协商指定其中一艘为海面搜寻协调船，从事指挥的替代性行为。

基于对国家合作阶段应然逻辑的分析，笔者认为，以《搜救公约》为基础并结合国家海上搜救合作实践状况，国家合作阶段存在现实性的缺陷，且对这些缺陷的探讨，是对海上搜救活动中国家合作程序重构分析的重要来源。具体而言，这种缺陷主要有以下两个方面的内容。

第一，"不明阶段"和"告警阶段"的确立条件较为模糊。在现有国家合作程序的设计中，对"不明阶段"及"告警阶段"的内容规范十分单薄，而且弹性程度较大。《搜救公约》中对这两个阶段采取简略一提的态度，并将确定这两个具体阶段的条件及相关国家行动直接交至国家间所成立的搜救协调中心。[①] 事实上，前两个阶段对于遇险阶段的确立有着重要的预备意义，而现今《搜救公约》中对两个不同阶段的产生及转化条件（例如不明阶段或预警阶段所延续的时间限制以及地理条件）的规定十分匮乏。前置性的不明阶段及告警阶段的模糊，一方面可能因延迟遇险阶段的确立而延误救援最佳时机，另一方面还可能因过早开展救援活动而浪费一定的救援资源。

第二，国家合作阶段的布局混乱。国家合作程序以三个阶段为逻辑主线，以"不明阶段"和"告警阶段"为起点，以"遇险阶段"为主要内容。然而，在《搜救公约》中，国家合作阶段的这种逻辑关系并未在行文中予以体现，而是以技术性的内容为主线（搜救紧急阶段—搜救工作程序—搜救工作协调）。这种以技术为线路设定海上搜救活动中的国家合作程序，虽然能够为国家搜救合作提供更多行动上的指引，但不符合法律规范所应满足的体系性与逻辑性。且仅以搜救阶段为主线并不能提高救助的成功性，如在某些情况下环境救助可以提前介入，但因未进入险情的紧急阶段，导致整体的搜救进程滞后。国家合作程序应该合理地将工作程序、工作协调等相关技术性内容分别完善于每个具体的合作阶段之中，而不是进行分离。因此，现有国家合作的阶段布局处于一个相对混乱的状态，并未以国家合作的法律程序为主线进行合理的逻辑布局。

综上所述，海上搜救活动的国家合作程序具体阶段之中存在着应然与实然之间的差距，应然状态下的国家搜救合作程序应该包括各个阶段的定义和成立条件、国家于各个阶段内的工作程序以及参与机构的相互协调；而在实然状态下，"不明阶段"及"预警阶段"的内容略显单薄，并且在整个《搜救公约》的立法布局中，国家之间的工作协调以及工作程序的相关规范与搜

---

① 根据《国际海上搜寻救助公约》中 5.3.1 及 5.3.2 的相关规定，一经宣布不明阶段，须酌情由救助协调中心或救助分中心着手调查，以便确定船舶安全或者宣布告警阶段；一经宣布告警阶段，须酌情由救助协调中心或救助分中心扩大对失踪船舶的调查，向适当的搜救服务部门告警，并着手 5.3.3 中所述的、根据具体情况所需要的行动。

救阶段之间存在着脱节现象，未能得以衔接。

第三节　我国参与海上搜救国家间合作的地位与发展

基于当今海上搜救活动中国家合作所面临的相关困境，我国首先应该明确自身在国家间搜救合作的地位，包括我国执行海上搜救活动的搜救海域及其概况和与周边国家进行搜救合作的可能性。在这一地位的基础上，研究我国开展搜救活动的发展进路，促进我国与周边国家的搜救合作关系，对维护并保障我国责任海域的安全发挥着重要的作用。

我国与朝鲜、韩国、越南等周边国家都签有海上搜救合作协议，协议内容包括但不限于备忘录、合同、计划以及安排等。这些搜救协议是我国与其他国家共同参与海上搜救工作的主要方式之一，是保障双方搜救工作顺利开展的基础性文件，它们能为各国在紧急事件发生时迅速协调指挥提供更多的方便。笔者认为，目前在与众多国家（尤其是与周边国家）之间的搜救合作问题上，对我国所应处的合作地位应有如下两种判定。

一、投入相应的搜救力量

从国内层面入手，投入搜救力量表明我国在参与海上搜救活动时应该处于一种积极的投入地位，采取能够提升搜救合作能力的相应方法，进而对海上搜救国家间搜救合作产生积极的影响。笔者认为投入相应的搜救力量主要包括了两个方面内容。

一方面，设立并发展海上搜救基地。海上搜救基地是搜救力量输出的集中之处，也是国家之间开展搜救合作的中心和枢纽。搜救基地的完善程度直接能够决定国家间搜救合作的便捷度和成功性。更重要的是，海上搜救基地的建设与完善是一国搜救力量能否第一时间赶赴涉事海域进行搜救的重要因素。就目前而言，我国南海搜救基地存在一定问题。我国在南海没有建立专门的搜救码头和机场，这也意味着在海上重大遇险事故发生时，我国搜救力量难以尽速抵达涉事海域，同时也缺乏与南海国家进行全面搜救合作的物质基础。因此，包括码头和机场在内的必要基础设施建设是具有重要意义的。具体而言，其一，国家应该避开敏感区域选址。无论是否在我国南海海域内为搜救基地选址，都应该避开敏感的地缘政治因素，而应该针对原有的搜救基地进行升级改造或在适当区域设立新基地。避开敏感海域设立相应的搜救基地，一方面能够有效地避免激化敏感海域内的政治性矛盾，从而不利于稳定并提升与周边国家之间的关系；另一方面能够保障相关搜救设备的顺畅进出，应对其他国家针对搜救设备通行等相关问题的质疑。其二，码头和机场基地的选址要考虑相关因素。这些相关因素包括了自然条件和区位条件，所选择的地址自然条件状况不能过于恶劣，不能影响搜救力量的涉入，同时基地应靠近交通要道以保证搜救工作的快速有效。

另一方面，提升我国海上搜救力量。提升我国海上搜救力量，是促进我国与周边国家海上搜救合作的重要保障。这里所谈及的海上搜救力量不仅包括了科学技术范畴下的力量，同时也包括了相应的立法技术。在搜救技术上，我国不仅要提升政府参与国家间海上搜救之能力，建立国家专项基金以解决海上搜救开支巨大的难题，确保国家搜救资金充足，还要积极促进社会搜救力量的壮大与发展。据此，我国应当重视调动和利用各种民间搜救资源，积极支持成立志愿者组织，并提供必要和适当的引导、支持与帮助。在立法技术上，除了遵循并完善我国相关的搜救预案或指南之外，还要在明确我国海上搜救立法模式的基础上，尽快统一并出台一部完整的法律规范，其内容包括搜救的目的、宗旨，搜救组织及其相应的法律责任等。完善并统一立法，有助于为与周边国家进行搜救合作奠定坚实的国内法基础，在提出并议定相关协定条款时能够有重要的立法准备。

二、推动搜救合作协议的发展

推动搜救合作协议的发展则是从国际层面入手，意在表明我国在参与海上搜救活动时应该推动海上搜救，尤其是南海搜救国之间搜救合作的达成。我国可通过建立某种区域性合作机制，以共同保障海上航行中人员及物资的安全，促进与合作国之间航行贸易的发展，维护地区稳定。笔者认为，这种推动主要包括了以下两个方面的内容。

一方面，推动与周边国家搜救合作机制的构建。由于存在着复杂的国际利益以及各国加入的国际公约不一致的情况，无论是我国与南海周边国家，抑或是与黄海周边国家，都没有建立系统、稳定的合作机制。以我国南海为例，由于受到地缘政治因素的影响，我国南海海域中存在着与周边国家的争议海域，在未解决这一问题前，在南海海域进行广泛的搜救合作是存在困难的。除此之外，南海诸国绝大部分是发展中国家，其搜救实力不强，相关的技术装备也并不发达。因此,包括我国在内的南海绝大多数国家应该加强信息交流、开展搜救合作,以救助在南海海域遇险的人员。我国作为南海诸多国家中综合实力较为强大的国家,应该主动推进海上搜救合作的顺利开展,推崇人道主义救援精神,彰显大国形象。在细节上,我国可以提出建立若干搜救合作机制,如信息共享机制、准入通行机制,并通过它们试图构建与周边各国的海事力量的联系和合作,以切实的行动和付出推动南海国家搜救合作的形成。

另一方面,努力促成与周边国家搜救合作协议的签订。从目前我国与周边国家签订的搜救协议概况来看,我国仅与越南、朝鲜两个国家签订了海上搜救合作协定。笔者认为,我国不必急于大面积与周边国家签订搜救合作协议,完全可以在一些重要的航线上达成相关的搜救协议,我国与越南签署的《越南下龙湾至中国防城港高速客轮航线搜救合作协议》给我们提供了良好的示例。在海上搜救过程中,国家合作可以在某个区域内形成,也可以在某段航线单维的形成。就目前我国与周边国家之间的合作状况来看,设立单维度的搜救责任区更加适宜,它可以成为搜救活动铺展的初级阶段。在此基础上通过进一步的协商与弥补,可以将该区域进行突破式扩展,会比没合作协议有意义。因此,我国可以采取点带面的方式,带动周边国家与我们合作的意愿。

综上所述,我国参与海上搜救国家间的合作地位应该从投入搜救力量和推动搜救协议的发展两个层面来看,并在此基础上努力的推动建立我国与其他国家之间,尤其是我国与其他南海国家之间的合作关系。

三、努力维护海洋生态环境

努力维护海洋生态环境则是基于全球海洋治理与我国提出的"海洋命运共同体理念"的契合性而展开,旨在表明我国在参与海上搜救活动时应秉持大国观念,努力维护海洋生态环境,实现海洋的可持续利用和发展。我国大陆海岸线漫长,在海上与 8 个国家相邻或相望,导致我国所管辖的海域不可避免地与周围国家重叠,在海域交错的区域发生威胁海洋环境的事件时所牵涉的沿海国的利益更广。因此,我国努力维护海洋生态环境的行动定位既是利他也是利己。具体而言,笔者认为我国努力维护海洋生态环境可以从以下两个方面入手。

一方面,加强我国对海洋环境的监测预警。海洋生态环境监测主要是对海洋水体、沉积物、海洋生物体、海洋大气、气象、水文等生态健康环境的监测和调查活动,在设定的时间和空间内,间断或连续地获取海洋生态环境要素信息,以阐明其时空分布和变化规律,以及海洋生态环境与人类活动关联全过程的基础性工作。① 海洋环境监测的目的是全面、及时且准确地掌握生态环境的状况与发展趋势,从而为实施和开展海洋活动、海洋环境执法提供科学参考信息。我国海洋生态环境监测历经40余年,经历了从无到有的过程,② 目前监测系统和管理制度日趋完善,基本完成了海洋生态环境监测网络布局的综合优化。如前所述,海洋环境与海上搜救活动的关系是互为补助,加强对海洋环境的监测不仅能通过环境监测数据的变化及时把握海上突发事件的发生,同时也能为海上搜救行动方案提供信息参考、为决策提供判断依据。此外,海洋环境生态监测也能从客观上反映出环境救助的实际效果,在发生海洋环境污染事故后也能持续跟踪监测周围海域的变化情况。

另一方面,有效应对海洋突发环境事件和生态灾害。受我国海洋地缘环境影响,海洋安全问题日渐突出,因此除了重视常态化的海洋环境保护工作,还必须重视海洋突发事件的应急处理工作。2022年,包括生态环境部在内的六部门联合印发《"十四五"海洋生态环境保护规划》,规划以海洋生态环境突出问题为导向,以海洋生态环境持续改善为核心,明确指出我国要有效应对海洋突发环境事件和生态灾害,构建分区分类的海洋环境风险防控体系,加强应急响应能力建设。同年,交通运输部等23个部门和单位出台《关于进一步加强海上搜救应急能力建设的意见》,提出聚焦海上搜救应急能力提升,着力构建海上搜救应急能力体系,最大限度减少海上人员伤亡、海洋环境污染和财产损失。海上搜救作为应急管理活动,既能作为应对海洋突发环境事件的有效措施,也能作为我国构建海洋环境风险防控体系的路径之一。

---

① 王海芹、高世楫等:《生态文明治理体系现代化下的生态环境监测管理体制改革研究》,中国发展出版社2017年版,第18页。
② 梁斌、鲍晨光、李飞等:《海洋生态环境监测体系发展刍议》,载《环境保护》2022年第2期,第34页。

第四章　全球环境治理视阈下海上搜救的责任区域问题

海上搜救责任区的划定，是界定国家海上搜救活动范围的基础。合理划分搜救责任区能使搜救的组织性和协调效率变得更高，救助力量的分布更趋合理，可防止由于力量不足而造成遇险人员得不到及时救助的现象。然而，无论是《搜救公约》，还是我国《国家海上搜救应急预案》，都将立法视野停留在界定海上搜救责任区的基本概念以及强调国家协定的作用上。[①] 同时，我国理论界对该问题的探讨也不够深入，尤其是未能合理地分析在划定海上搜救责任区之前所必须厘清的关联性前提以及划定过程中所面临的相关法律问题。并且，在全球环境治理视阈下，海上搜救责任区的划定与各国国家管辖的环境治理区有可能产生重叠，或者一个海上搜救区有可能跨越多个国家管辖的环境治理区或是跨越国家管辖的环境治理区与公共海域，因此合理地划定海上搜救责任区同样需要考虑既存的海洋环境保护问题。学者有必要在明确海上搜救责任区的维度的基础上，分析海上搜救活动中责任区域划定的实施前提，从理论上厘清搜救责任区划定前的两组关联性问题，阐明责任区域划定之后的形式及每种形式的特殊性，同时结合海洋环境保护的视角，剖析其中所带来的法律问题，努力探讨背后的原因并提出若干改进思考。

第一节　海上搜救责任区的维度

海上搜救责任区是我国《国家海上搜救应急预案》中的一个法律概念，

---

① 曲波：《南海区域搜救合作机制的构建》，载《中国海商法研究》2015年第3期，第18页。

亦是《搜救公约》中的一个近似概念①，是指在搜救任务产生时，国家对责任海域内遇险人员实施搜救的具体范围。由于海上搜救责任区是一个相对独立的搜救活动范围，因此，在研究其国际法问题之前应要首先分析并厘清其应有的维度，并从海上搜救责任区的本原出发进行探讨。

一、航线范围上的单维性

以维护并保障某段航线范围内的人员安全为前提所形成的海上搜救责任区具有单维性，它形成于双边或多边国家针对某个具体的航线所达成的合作协议之中，具有线性性质。例如，2003年中国广西壮族自治区防城港市与越南广宁省之间就签署了《越南下龙湾至中国防城港高速客轮航线搜救合作协议》，双边交换了海上搜救预案备案，并相互交流了海上搜救预案，建立了中国防城港与越南广宁海上搜救合作机制，为中越双方实施海上搜救合作提供了保障。② 在此基础上，两国搜救责任区暂定为高速客轮航线的全部路程。具体而言，单维度式的搜救责任区主要有以下两个特点。

第一，地方性。单维度式的海上搜救责任区往往发起于一国地方政府与另一国地方政府之间，为了保障某一具体的客运或货运航线而形成。因此，这种海上搜救责任区实际上并没有真正铺展开，往往比较狭窄，只是在依托航线之下线性展开。这种海上搜救责任区的地方性决定了两国地方政府搜救合作的针对性，其目的往往十分明确。在这种搜救责任区体系下的搜救活动往往不涉及其他国家的参与，因而比较简易和直接，也是保障客运航线安全的直接体现。

第二，基础性。尽管单维度式的海上搜救责任区具有地方性和简易性，但在某种层面上这种维度的海上搜救责任区往往能够为国家之间更深入地进行搜救合作奠定基础。在各方搜救实力相差悬殊的情形下，全面带动两国或多国之间的海上搜救活动，往往海上搜救活动在开始之时十分困难，而这种地方性的单维度式的海上搜救责任区能够有效地发挥基础式的带动作用，其有助于推动国家之间在某个航线范围内继续开展深入的搜救合作，为二维式

---

① 《搜救公约》中表述为"搜救区域"，是在规定范围内提供搜救服务的区域。虽然概念上与"海上搜救责任区"有所不同，但内容是近似的。

② 余元玲：《中国—东盟交通运输合作机制研究》，载《甘肃社会科学》2012年第4期，第171页。

的形成海上搜救责任区发挥积极意义。如果两国在这种简单并基础式的搜救合作下能够配合自如,并深入达成相关共识,那么未来在进行其他海域之间的搜救合作之时会变得相对容易,且具有更多的可能性。

第三,常规性。单维度式的海上搜救责任区以航线为依托,其所承载的是常规的海上贸易往来或海上客运往来。这种线性的海上搜救责任区往往是国家之间为了保障单独航线的通行安全而设立的,其针对性明显,并广泛地存在于两国海上贸易往来频繁且航线距离不会过分冗长的区段之上。同时,这种特性也表明该片海域之上的船舶通行是密集的。相比其他区域而言,这部分航线有给予单独保障的必要。这可能是该区段是自然风险的高度集中地所致,也可能是人员流通密集的原因。

二、划定意义上的二维性

从国家之间正式划定海上搜救责任区这一角度来看,海上搜救责任区的维度表现为二维性。这种二维性,是指国家通常以一定的经纬线来划定国家之间的海上搜救责任区,使其形成一个二维平面,以方便搜救船舶及其他设施的通行。例如,土耳其与俄罗斯的海上搜救责任区域的外界线即是根据相应地理坐标点所围成的。① 我国《船舶遇险紧急通信处置细则》规定的搜救责任区也是以地图上二维平面的经纬度围成的。在法律上,划定意义上的二维性主要能够产生以下两种法律效力。

第一,二维海上搜救责任区是国家搜救协定的义务范围。国家之间划定海上搜救责任区之后,互相之间就会承担在海上搜救责任区域之下的相关义务。在海上遇险事故发生且位于国家之间所缔结的海上搜救责任区域之中时,海上搜救责任区的缔约国有义务发动救援,其搜救行为既要符合一般性的海上交通规则(如船舶碰撞、避碰规则),同时也要符合其所缔结的海上搜救协定。因此,国家之间搜救协定的缔结一般以海上搜救责任区为约束空间,对超过且又不在本国管辖海域范围下的部分无义务实施救援,但在实际搜救活动中,这些参与义务区域之外救援的救援国可能会被判别为人道主义

---

① Notification of an Agreement on Search and Rescue Regions and co-ordination of search and rescue services in accordance with paragraph 2.1.4 of the Annex to the International Convention on Maritime Search and Rescue, 1979, as amended; Notification by the Russian Federation and Turkey.

救援国。

第二，二维海上搜救责任区是缔约国区分其他海上搜救责任区缔约国的依据。这里所言及的区分，并不是意味着阻碍其他国家进入本缔约国海上搜救责任区开展救援活动，而是一种身份上的区分。其他缔约国进入本缔约国内海上搜救责任区开展搜救活动，并不意味着自动取得本海上搜救责任区缔约国的身份，也并不自然的受本海上搜救责任区内协定的约束，此时，不同国家之间仅是一种配合关系。这种身份上的区分有时也会在两国之间所达成的救助合作协议中体现，例如《中美海上搜寻救助合作协定》中第一条"宗旨"的第四部分：如果适当，并经双方同意，第三方可以参加双方所进行的海上搜寻救助合作活动。

三、执行意义上的三维性

与划定意义上的二维性所不同的是，从国家执行海上搜救任务的角度而言，海上搜救活动的派遣范围并不仅限于二维平面中，而是具有三维性。这种三维性，是指执行过程中，海上搜救活动的空间维度包括了水平面上搜救船舶的作业以及空间上搜救航空器的作业。不同搜救协定对于三维性的海上搜救责任区的规定并不一致，如土耳其与俄罗斯之间关于黑海搜救责任区的划定就没有标明责任区的范围及于空中，而拉脱维亚共和国与爱沙尼亚共和国政府之间就将海上与航空搜救服务两者统一起来，所划定的搜救责任区即是三维性的海上搜救责任区。① 诚然，即使国家之间没有明确将海上搜救责任区的范围及于空中，但大多数国家都不会否认并禁止航空器参与并实施救援，甚至还会单独划分出一个航空搜救责任区。② 三维性的海上搜救责任区一旦被缔约国所确立，其法律效力与二维性的海上搜救责任区基本相同，只是这种法律效力还能及于海上搜救责任区的上空。而唯一的差别是，如果缔约国之间所确立的海上搜救责任区具有三维性，那么一般而言搜救船舶的通行应与航空器的通行相统一。因此，除非搜救责任区的缔约国另有约定，二维意义上的海上搜救责任区往往需要就航空搜救服务另行做出约定，已经形

---

① 参见文亚军《论闭海半闭海国家海上搜救合作的法律机制》（硕士学位论文），华南理工大学2015年，第95页。

② 例如我国国内水域的搜救责任区范围就在空域划分为七个搜救区，分别对应相应的民航飞行情报区，包括：华北搜救区、东北搜救区、华东搜救区、中南搜救区、西南搜救区、西北搜救区和新疆搜救区。

成执行意义上三维性的搜救责任区的缔约国的全部搜救活动则在同一程序下均适用。

除此之外,三维性的执行海上搜救活动还需要受到相关海域性质的影响。如果搜救船舶越过或在被批准的前提下进入其他国家的领海时,此时搜救国就需要遵循《联合国海洋法公约》的规定,禁止使用飞行器参与搜寻和救助。除非得到沿海国的明确同意,搜救国本身不能进行三维式的搜救活动。

第二节 海上搜救责任区划定的形式与特性

结合海上搜救活动中责任区域划定理论与当前的国际实践,其划定结果主要能够形成以下三种基本形式,且每种形式均存在其固有的特殊性。同时,在海上搜救过程当中,三种形式对海洋环境所造成的影响存在不同的特点。

一、单边划定的搜救责任区

单边划定的搜救责任区,是国家通过自身的意志单方划定海上搜救责任区的行为,是一国参与海上搜救活动的重要前提。单边划定搜救责任区是一国单方以自身管辖海域范围为中心而形成的,其划定的范围往往涵盖全部的管辖海域,并辐射至其他邻近海域。以中国与韩国为例,在我国政府公布的海上搜救责任区的具体范围之下,存在北海、东海及南海三个子搜救责任区,同时也分布着相关的海上搜救基地。北海海域搜救责任区涵盖绣针河口到平山岛北端的连线以及35°N以北水域;东海搜救责任区北起绣针河口至平山岛北端连线及其35°N连线以南,南至宫口头135°E以北;南海搜救责任区北起22°N的珠江口水域,南至12°N的南海海域。[①] 韩国主张的海上搜救责任区为44.4万平方公里,其中西部海上搜救区为35°N以东的黄海海域,南部海上搜救责任区为30°N以北的朝鲜海峡海域,东部海上搜救责任

[①] 数据资料来源于《中国海洋统计年鉴(2012年)》;参见王杰、李荣、张洪雨《东亚视野下的我国海上搜救责任区问题研究》,载《东北亚论坛》2014年第4期,第16-24页。

区为135°E以西的日本海海域。①

由于上述范围内的海上搜救责任区来源于一国的单方主张及划定，因此，单边划定的海上搜救责任区具有以下两个特殊性。

第一，单边划定搜救责任区具有自主性。一国单方划定海上搜救责任区，从目的上出发往往是保障本国海上交通安全，因此可能无法考虑其与周边国家所存在的争议海域，正是出于这一点，这种责任区域就带有很强的自主性，而并非协定性。以日本为例，我国与日本的海上搜救责任区域重叠部分高达16万平方公里，部分重叠之处就位于钓鱼岛附近海域。② 中国与韩国存在着20万平方公里左右的争议海区，海上搜救责任区同样在其范围之上存在着较大的重叠。显然，这些划界并非真正地出于国家之间的协定，而都是自主进行的。因此，单边划定搜救责任区的自主性往往容易与其他国家的相同划定主张发生竞合，进而产生争议。

第二，单边划定搜救责任区具有受限性。单边划定海上搜救责任区具有范围的受限性，一国自身单独搜救实力所能及的搜救范围往往有限，且在单边划定搜救责任区的过程中不可能不考虑相应的地缘政治因素及其他可能导致无法进一步拓展的因素。因此，一国单边划定搜救责任区往往会受到诸多外来因素限制，以至于无法有效实施大面积拓展。以我国为例，我国海上搜救责任区空间范围十分有限，尤其是"第一岛链"东向及南向的远海搜救范围较小，这使得"第一岛链"成为束缚我国搜救责任区进一步拓展的重要地缘政治因素，从而限制了我国搜救责任区的进一步拓展。③

同时，单边划定搜救责任区的自主性和受限性实际上也导致在国家划定的搜救责任区内只存在单一搜救主体，可能使国家无法有效地应对大面积污染事件，从实践上来看，甚至可能会出现国家为了避免与自身有重大关系的海域受过度污染而采取降低污染程度、扩大污染范围的措施，最终增加了多海域海洋环境受损的风险。

以"威望号"油轮事件为例，"威望号"油轮事件是航海史上最为严重

---

① 资料来源于韩国海洋警察厅网站（http://www.kcg.go.kr/），最后访问时间：2023年12月6日。

② 资料来源于日本海上保安厅网站（http://www.kaiho.mlit.go.jp/），最后访问时间：2023年8月2日。

③ 侯世科：《日驻军与那国岛补缺第一岛链》，载《中国国防报》2011年7月19日第5版。

的溢油事件之一。"威望号"是一艘装载7万多吨燃料油的油轮,其从拉脱维亚出发前往直布罗陀海峡。在途经大西洋比斯开湾西班牙北部加利西亚省海域的时候,于距离海岸9公里处的海域遭遇高达八级的风暴,船上12个油舱中的一个发生爆裂,导致当地海面出现了一大片油污带。船长担心船只沉没,向西班牙救援机构求援,希望他们能将船只拖引回港,然而当地政府却施压迫使船长驶离海岸,随后船长又试图向法国和葡萄牙政府求助,但是他们同样不愿让油轮停靠在各自国家的海岸。之后,西班牙当局用直升机将27名船员救助到安全地带后,命令4艘拖船将"威望号"油轮拖往外海。在外拖的过程当中,海面上出现了一条宽5公里、长37公里的黑色油污带,最终"威望号"被拖至距离西班牙海岸95公里的海面上沉没。船上大量燃料油泄漏入海,这次泄漏不但对当地海域的生态环境造成了威胁,同时也直接威胁到毗连着葡萄牙海域的法国海域。

"威望号"事件发生在西班牙的领海内,领海是西班牙的海难搜救责任区,同时为了减少燃料油污染对本国领海及沿岸的影响,在进行救助船员的同时,西班牙当局选择将"威望号"外拖的行为无可厚非,但在客观上的确对葡萄牙甚至法国的海域造成了不良影响。该事件的搜救活动虽然不能完全等同于在单方划定的搜救责任区搜救,但是正如前文所言,一国单方划定海上搜救责任区,从目的上出发往往是保障本国海上交通安全,那么此片海域与该国的关系必然是密切且重要的。假如在单方划定的搜救责任区内发生了类似的燃料油泄漏事故,那么该国为了减少污染对划定的搜救责任区海域的影响,或者是当大范围的污染超出了单个国家的处理能力时,就有可能会导致其选择外拖等措施,使受污染海域延至其他周边国家的海域。

正是基于单方划定海上搜救责任区所产生并带来的自主性和受限性,以及由此可能引发的污染扩大问题,国家之间才有做出协定并划定共同搜救责任区的动机,以共同拯救海上遇险人员的生命,保障国家之间的海洋贸易及运输安全,实现共同治理海洋环境的目标。由此,双边划定的搜救责任区方才可能诞生。

二、双边划定的搜救责任区

双边划定的搜救责任区,是两国建立在双方的意志下共同划定海上搜救责任区的行为,是国家海上搜救活动合作的主要表现形式。双边划定搜救责任区存在于国家间所缔结的双边搜救合作协议中,这类协议包括了《中美海上搜救协定》《中朝海上搜救协定》等我国加入或缔结的有关国际公约、协议，以及其他国家之间相互订立的协议（如《日美海上搜救协议》）等。双边划定的搜救责任区具有以下两个特殊性。

第一，双边划定的搜救责任区具有延伸性。与单方划定的搜救责任区的受限性所不相同的是，双边划定的搜救责任区具有延伸性，其所能协定的海域面积更为辽阔。一国所单方划定的搜救责任区存有一定的限制，且往往与周边国家海域发生重叠并产生争议，但如果两国之间存在双边划定的搜救责任区，则搜救范围会以两国所共同的搜救责任区为基础，其辐射的面积就更为辽阔。以《日美海上搜救协议》这一双边划定的搜救协议为例，日、美政府所签订《日美海上搜救协议》规定在日本本土东南1200海里海域进行海上搜救活动，致使日本海上搜救责任区面积达1360万平方公里。从范围上看，这远超出《联合国海洋法公约》中对一国200海里专属经济区的限定，实质上大部分海域为公海。① 因此，双边划定的搜救责任区的延伸性往往较强，其覆盖的海域面积会更为辽阔。

第二，双边划定的搜救责任区具有基础性。双边划定的搜救责任区往往形成于沿海周边国家之间或者隔海对望的国家之间，是国家海上搜救合作的前提，也是三个以上国家进行多边搜救责任区划定的实施基础，且这种基础主要是指形成多边划定责任区的基础。国家之间关于搜救上的合作往往始于双边，并且主要针对存在海上搜救重叠责任区的国家间，或是《搜救公约》的非缔约国（如菲律宾、马来西亚）。从双边划定的责任区出发形成良好的搜救合作实践，再带动其他周边海域的国家进行多边搜救合作，以形成较为紧密的合作团体。这对提升沿海国家搜救责任区内的合作，以成立搜救实力较强的多边合作机构起到了重要的基础性作用。

与单方划定的搜救责任区所不相同的是，双边划定的搜救责任区往往能够有效地缓解地缘海域冲突。如果国家之间就争议海域范围内达成搜救协定，那么就争议海域存有主权争执的国家不可能置身协定之外而任由本国所主张的争议海域由他国任意划定并构建搜救责任区。因此，如果双边的搜救责任区能够在争议海域范围之内得以形成，那么至少在搜救领域范围内，争执国之间便已经寻得了些许的让步。同时，在海洋环境保护的范围内，国家

---

① 吴松芝：《日本海上执法模式研究》，载《武警学院学报》2012年第7期，第92-95页。

之间可以共同采取行动，共同治理因海难造成的环境污染，防止污染的进一步扩大。

三、多边划定的搜救责任区

多边划定的搜救责任区，是多国通过共同的意志划定海上搜救责任区的行为，是国家海上搜救活动双边合作的延伸和发展。多边划定的搜救责任区，是国家海事搜救方面的重要进步，也是双边划定搜救责任区的最终形成目的。2011年3月3日，佛得角、冈比亚、几内亚比绍、毛里塔尼亚、摩洛哥和塞内加尔等国代表共同签署《西北非分区海上搜救协调中心多边协定》，并在拉巴特附近设立新的摩洛哥海上搜救分区中心。① 非洲海岸线范围内搜救责任区的成立，对整个非洲海域搜救合作的强化起到了关键的作用。与前两种搜救责任区所不相同的是，多边划定的搜救责任区的特殊性主要体现在两个方面。

第一，统一性。多边划定搜救责任区的统一性，意味着国家间搜救责任区内的争议性处于相对弱化的状态。沿海国之间能够形成独立的，并区别于其各自海域主权问题的海上搜救责任区，能结合各个沿海国的搜救力量，共同救助海上遇险人员。海上搜救责任区内的统一性，能够有效避免国家单边划定搜救责任区所带来的争议，同时也能在突破单边划定搜救责任区受限的前提下，将双边划定搜救责任区的延伸控制在一个合理的范围之内，避免海上搜救责任区范围的无限扩张。例如，在非洲国家成立的多边搜救责任区中，协定中划定的搜救责任区包括了非洲沿大西洋和印度洋的海域以及靠近大西洋和印度洋岛屿国家附近的海域。因此，非洲国家之间所形成的海上搜救责任区是以非洲国家海岸线为基础向外延伸至周边岛屿国家附近海域，其范围并未受到来自国家公布的经纬线限定，也并未像《日美搜救协议》中将广阔太平洋海域均纳入日本海上搜救责任区范围中。

第二，邻近性。多边划定搜救责任区的邻近性，意味着形成多边划定的搜救责任区的国家之间的存在不可能过于分散，其地理位置上总呈现若干分布规律，以确定共同搜救海域。例如，《西北非分区海上搜救协调中心多边协定》中的缔约国位处西非沿岸国，其责任区的范围覆盖至全部非洲海岸

---

① 吴磊明：《西北非分区海上搜救协调中心多边协定签订》，载《水运管理》2011年第4期，第19页。

线；1998年《黑海沿岸国关于海上搜寻与救助服务的合作协议》中的所有缔约国均为黑海沿岸国，并且该协议建立之初，沿岸国就认识到在该地区有必要建立多边协议或者区域搜救服务合作协议，提高搜救区域的操作效力。①除了以上两个协议之外，还有《北极航空与海洋搜救合作协议》的缔约国也属于北极沿海国。因此，多边划定搜救责任区的缔约国往往是搜救责任区内海域的各个沿海国，其地理位置上具有邻近性，不会过于分散。

第三节　海上搜救责任区划定所引发的法律问题

国家往往根据自身的实际需要划定本国的海上搜救责任区，或者与其他国家共同协商划定海上搜救责任区。然而，由于海上搜救责任区与管辖海域和争议海域之间都存在联系，且互相影响，因此，海上搜救责任区的划定可能会引发一定的国际法问题。需要明确的是，双边海上搜救责任区并不是依据本国单独的意志划定，两国缔结的责任区往往处于双方管辖海域范围内。因此，它既不会产生单边搜救责任区所类似引发的国际法问题，也不会涉及多国之间专属经济区制度的协调、冲突等问题。因此，海上搜救责任区划定所引发的国际法问题主要聚焦单边和多边搜救责任区所引发的国家问题。

一、单边搜救责任区所引发的法律问题

基于海上搜救责任区划定形式的特殊性，不同海上搜救责任区划定方式会产生不同的法律问题，由于单边划定海上搜救责任区所涉及的只是划定国本身，其所产生的约束效力范围具有一定的局限性。因此，其所引发的法律问题与多边划定海上搜救责任区所产生的问题存在一定的区别。具体而言，单边划定海上搜救责任区所产生的法律问题主要有以下两个方面。

（一）强化相关海域范围内国家海洋权益的争端

以单边的形式划定海上搜救责任区可能会将划定的范围延伸至与他国存在争议海域的范围内，进而引发争端。一方面，从争议海域范围内划定搜救

---

① 该公约内部的缔约国为：保加利亚共和国政府、格鲁吉亚政府、罗马尼亚政府、俄罗斯联邦政府、土耳其共和国政府、乌克兰政府，参见《黑海沿岸国关于海上搜寻与救助服务的合作协议》序言部分。

责任区,由于存在相应的划界争议,即使《搜救公约》一再强调海上搜救责任区的划定与国家之间的海洋划界没有关系,但不能避免已经划定搜救责任区的国家肆意将其搜救船舶驶入重叠于争议海域内的搜救责任区之中,并进行演习或出现任意使用相关搜救探测设备等行为。另一方面,从国家管辖海域内划定搜救责任区角度而言,尽管国家间可能通过双边或多边的协定在一国管辖海域范围内实施搜救活动,但在没有特殊协定的情形下,非沿海国实施的搜救活动仍然可能会受到(如探测设备使用等)限制,以避免对沿海国管辖海域的安全构成威胁,这种争端来源于以下三个领域。

第一,搜救船舶通行所引起的争端。在我国搜救实践中,搜救主体的装备及搜救设施的配备存在诸多不足之处,故其具备的搜救能力往往无法应对国际远洋大型搜救活动(如"马航 MH370 事件"的搜救),因此大多情况下需要装备精良的海军协助或加入。这便导致在国际性海上搜救活动中海军海上救援力量,尤其是救难军舰的救援力量的逐渐形成并发展。救难军舰及其他政府专业救助船舶在相关海域的及时通行,对于救助海上遇险人员和提升救援效果能够起到至关重要的作用。[①] 然而,救难军舰虽然肩负着人命救助的道义使命,但其本质上仍为军舰。[②] 一旦事故发生于两国间的争议水域或是在一国的管辖海域范围内,或者搜救通行势必经过这些水域时,就需要与其他相关国家进行必要的协调,否则即使该通行区域已经单方面被一国公布为本国的海上搜救责任区,以军舰为种属的搜救船舶或其他执法船舶在争议海域内或是一国的管辖海域范围内的执法性搜救活动不可避免的会引起其他国家的质疑,最终产生复杂的海权争端。[③]

第二,争议海域内国家搜救信息交换所引起的争端。与搜救船舶通行相对应,国家间为搜救合作而进行的信息交流及应急沟通具有高新科技性。随着现代搜救技术的不断发展,相关搜救设备也逐渐走向科技化,国家往往在第一时间派出多艘船舶赶赴涉事责任海域,调动高科技设备(包括飞机、卫星、导航仪)参与搜寻,其目的在于搜集涉事海域相关的定位信息以确定事

---

① 范烨民:《从马航 MH370 事件看国际联合救援的问题与对策》,载《新西部》2014 年第 9 期,第 168 页。

② Hall, *International Law*, p. 198; Sorensen, 101 Hauge Recueil (1960, Ⅲ).

③ [英]伊恩·布朗利:《国际公法原理》,曾令良译,法律出版社 2007 年版,第 169 页。还可参见"科孚海峡案"相关资料。

故发生地点，及时救助人命。① 由于海上搜救责任区的重叠部分可能是一国尚未划界或与其他国家存在争议的专属经济区，故搜救船舶及其他设备进行信息搜寻和探测的行为则有可能侵害他国的领海安全及专属经济区的信息安全。然而矛盾之处在于，搜救船舶及其他相关设备进行信息搜集是海上搜救活动的必然过程，也是人道主义救援的要求，如果为国家领海及专属经济区的安全而放弃这一行为，海上搜救实质上会失去其本身应有的意义。因此，在国家领海及专属经济区信息安全与遇险人员安全之间相互冲突而导致法律边际问题存在的前提下，争议海域范围内以及国家管辖海域范围内的国家间海上搜救责任区划定所引起的争端便不可避免。②

第三，争议海域内环境污染所引起的争端。在搜救的过程当中，搜救活动有可能造成二次污染或是污染范围由一国管辖海域扩大至争议海域。假设一艘装载燃料油的轮船在我国东海的专属经济区发生事故，造成了燃料油泄漏，而事发区内存在特殊的生物资源，燃料油浓度超过一定数值则会对该片生物资源造成不可逆的毁灭。在救助遇难人员之余，我国派出拖船将遇难船舶外拖，外拖至与日本所划定的与我国专属经济区重叠的海域内，轮船沉没，此时燃料油的污染范围就扩大至争议海域了。那么此时，是否构成跨境环境污染，哪个国家对受污染海域行使管辖权就成了不可避免的问题。此外，假如在争议海域实行搜寻救助导致船舶发生二次碰撞，由此产生的环境污染问题将由哪个国家行使管辖权同样会产生争议。

（二）阻碍相关海域范围内国家搜救合作的建立

如果国家之间通过单边的形式划定海上搜救责任区，则可能在触及争议海域内敏感因素的同时，进一步阻碍相关海域范围内国家搜救合作的建立。这种阻碍来自海上搜救责任区本身与国家自身管辖海域之间的关联，以及在争议海域范围内的重叠性及依附性。由于这种困难源于国家间复杂的地缘政治因素，故国家之间往往尽可能规避在相关海域范围内（往往相当于海上搜救责任区的重叠范围）的单方执法活动，以避免可能产生的政治问题。由于争议海域和国家管辖海域的现实存在，且这些海域纠纷的解决与一国海洋法

---

① 查长松、李大光：《马航失联航班救援行动凸显海军海上救援作用》，载《中国军转民》2014年第4期，第70-73页。

② Sam Bateman. "Hydrographic Surveying in the EEZ: Differences and Overlaps with Marine Scientific Research", *Marine Policy*, 2005, 29, pp. 163-174.

问题相关,① 因此在海上搜救责任区与争议海域所重叠的范围内,除了争议国家之间多边协议的订立之外,建立实质上的搜救合作关系(尤其是我国与南海国家间)难免会更加困难,② 这种困难主要表现为以下两个方面。

第一,减少国家间海上搜救合作实践的推行。国家间海上搜救合作实践,包括联合搜救行动以及联合搜救演习两个方面。对于实际联合搜救行动,2014年发生的"马航MH370事件"中已经体现出我国与其他周边国家联合搜救行动合作的问题——搜救协调时间过长且搜救行动进展缓慢。例如,在"马航MH370事件"中,我国搜救船舶通行至越南领海附近海域时与越南的复杂协调。而对于联合搜救演习,虽然中韩、中日、中越历史上均有过搜救演习实践,但是这些演习并未成为惯例。另外,各国搜救实力水平差距较大,联合搜救演习的质量和取得的合作效果也并不理想。因此,海上搜救合作实践的不足在一定程度上阻碍了搜救责任区范围内搜救合作关系的建立。

第二,延缓国家间海上搜救合作协议的订立。国家间海上搜救合作协议是国家海上搜救合作建立的规范性基础,是国家间有关部门执行搜救合作行动的依据。以我国与南海诸国之间的搜救合作关系为例:一是由于我国在南海海域与他国间的争议海域面积较大,所涉国家数量较多;③ 二是由于南海诸国中泰国、马来西亚、柬埔寨、菲律宾四国至今尚未加入《搜救公约》,致使国家间没有良好的制度合作基础。我国与其他南海诸国之间缺乏切实可行的海上搜救合作协议,致使我国与这些国家之间在海上搜救责任区重叠这一问题上一直处于无协议可依的状态,搜救合作的建立受到了阻碍。

二、多边搜救责任区所引发的法律问题

由于国家参与并划定搜救责任区的数量较多,因此,在多国意见协商能够统一的情况下,不易产生类似于单边或双边划定时所发生的海权争端或搜

---

① 薛桂芳:《联合国海洋法公约与国家实践》,海洋出版社2011年版,第254页。

② 在中国与周边海域国家的海上搜救合作中,中国与朝鲜、韩国、日本存在搜救协定,参见 http://world.people.com.cn/n/2015/0123/c1002-26440800.html,最后访问时间:2023年8月2日。

③ 中国与朝鲜两国缔结《中朝海上搜救协定》,中国与韩国两国缔结《中华人民共和国政府与大韩民国政府海上搜寻救助合作协定》及其履行协议,中国与日本两国缔结《中华人民共和国政府与日本国政府海上搜寻救助合作协定》。

救合作困难等问题。相反，国家间在意见能够一致的前提下，所产生的法律问题更多体现在海上搜救责任区范围内的制度应如何构建方能更加充分有效地协调各个协议划定国，并及时有效地救助海上遇险人员。这里所产生的相应法律问题主要体现在以下三个方面。

第一，搜救责任区与专属经济区内权利的矛盾。多边海上搜救责任区的形成来自不同国家之间的一致意见，但如果所形成的海上搜救责任区与某个国家的专属经济区发生重叠，那么就会产生一定的矛盾：一方面，搜救责任区下缔约国有权采取必要措施救助遇险人员。国家针对特定的海域形成搜救责任区的目的是救助该区域范围内的遇险人员，同时在救助过程中应要允许搜救国使用特定的装置，包括探测设备和导航设备。而另一方面，针对本国专属经济区范围内，沿海国也享有一定的监督和管理权。无论沿海国是否属于海上搜救责任区下相关协议的缔约国，其都有权在本国专属经济区范围内的海上搜救责任区对这些国家参与搜救的行为进行监督和管理：一是监督这些搜救国是否顾及本国针对专属经济区项下的管辖权；二是监督这些搜救国的行为是否违反了《联合国海洋法公约》关于沿海国在专属经济区内的管辖权及防污染权力等相关规定。因此，尽管《搜救公约》不断强调搜救责任区的设立不得影响并干预相关国家管辖海域的划界问题，但是海上搜救责任区形成之后搜救国的相关行为必然会受到专属经济区范围内沿海国的干预，且这种干预会在沿海国不属于搜救责任区形成的协议下的缔约国之时表现得特别突出。举例而言，当以救助海上人命为目的的军舰在专属经济区内搜寻以及采用探测设备寻觅遇险人员的踪迹时，其间所获得的信息或探测到的其他数据是否会对沿海国行使专属经济区的主权权利构成影响，在这一情况下，海上搜救责任区下搜救国的权利及义务与专属经济区内沿海国的管辖权之间就会产生较为明显的矛盾。如果以《联合国海洋法公约》中所规定的监督管理权为先，那么专属经济区内多边搜救合作就会被架空，反之，则《联合国海洋法公约》中的沿海国专属经济区的权利就要在此种特殊情形下做出一定的让步。因此，这两者之间应该如何对接与协调是解决这一问题的关键。

第二，搜救责任区内多国救助服务协定较为模糊。在搜救责任区范围内，国家往往是在搜寻与救助遇险人员的问题上达成相应的共识，包括多国参与搜救的缔约主管机关、搜救负责机构、协调中心、海上搜救操作等。然而，海上搜救活动不仅包括搜寻遇险人员使其脱离相应的生命危险，还包括具体的服务事项，如后续医疗服务、善后措施以及遣返要求等。但在大多数国家间的多边协议构建过程中对于如何搜寻定位并使遇险人员脱离险境等内容约定得较为详细，而对相关的救助服务的约定就比较浅显或模糊。例如由加拿大、丹麦、芬兰等八个国家所缔结的《北极航空与海洋搜救合作协议》之中关于搜救操作的条款就有五条之多，约定较为具体，而相关后续治疗服务以及互相之间的救助配合仅限于第9条的内容之中，并且多国协定之下的救助义务也仅局限在信息交换的范畴内。1988年由保加利亚政府、格鲁吉亚政府、罗马尼亚政府等黑海沿岸国签订的《黑海沿海国关于海上搜寻与救助服务的合作协议》之中对于搜救服务设施及后续治疗等相关问题的规定更为简略，在协议第五条中似乎就没有过多地提及相关的服务内容。一次有效的海上搜救不仅要体现在海上搜寻工作使遇险人员脱离险境，还体现在给遇险人员提供良好的后续服务，以使其安全返回其所在国。因此，在多边国家之间划定海上搜救责任区时，其所产生的问题往往在于海上搜救责任区与救助服务之间的衔接和多国搜救服务制度的配合上。

第三，搜救责任区内不涉及环境责任承担。海上搜救的首要目的是救助受难者，使其脱离生命危险。但海难所引发的环境污染问题可能导致十分严重的后果，如前所述的"威望号"油轮事件，其所造成的环境污染对海洋生物以及周边海域的居民影响长达数年。不论是通过国家单边、双边形式划定的海上搜救责任区，抑或是通过多边形式划定的海上搜救责任区，在相对应的规定或协议中，都未对搜救过程中产生的二次污染问题做相关的规定，更难解决在海上搜救区产生二次污染后的环境责任分配问题。当然，产生这一问题的原因是显见的：一是对生命救助的优先级必然高于对环境的救助；二是在协议签订时，未形成全球环境治理的统一视角；三是在实然层面，多边海上救助造成二次海洋环境污染的发生概率的确较低。但是，一旦发生因搜救导致的大规模海上污染，其后果往往是极其严重的。因此，未来一国在划定单边海上搜救责任区时，以及在签订多边搜救责任区协议时，都应当将环境责任承担的内容纳入考虑范围。

第四节 海上搜救责任区划定法律问题的原因分析

在我国海上搜救活动中，责任区域划定所产生的法律问题具有内在的原因，主要体现在三个方面，且每个原因也存在相应的子原因。

一、海上搜救责任区缺乏应有的独立性

海上搜救责任区的非独立性,是海上搜救活动中单边及双边形式划定搜救责任区时所形成的法律问题的直接原因。国际法学界对于海上搜救责任区的研究较为薄弱,没有厘清海上搜救责任区与国家管辖海域之间的关联,这一现状不仅使搜救责任区紧密依附于争议海域内以及国家管辖海域内的地缘政治因素,而且强化了相关海域范围内国家海洋权益的争端。具体而言,海上搜救责任区缺乏独立性主要根源如下。

第一,海上搜救责任区划定与海域划界之间存在矛盾。① 两者之间的矛盾是海上搜救责任区非独立性的重要原因之一,实际上,无论是学者在其著作中的论述,抑或是《搜救公约》本身都意识到了两者之间的矛盾性,并在此基础上肯定了两者应是相对分离而非依附的状态。在理论上,曾有学者以里海海域相关国家对海上搜救责任区的管辖与各国对里海海域边界管辖之间的关系为例,强调搜救责任区的划定不能影响里海海域边界的关系,两者应相互独立。② 在立法上,《搜救公约》同时强调,搜救区域的划分不涉及并不得损害国家之间边界的划分。③ 据此,《搜救公约》给出的解决方法是通过国家协议的方式合理划分各个国家搜救责任区,以在尽速救助遇难人员的前提下,兼能顾及各国海域的权益主张,避免因搜救责任区的划分而带来不必要的海权争端。④ 然而问题在于,《搜救公约》将这一问题充分交由各国协商解决的做法必然会引起国家间对争议海域内通行安全及信息安全的担忧,进而将争议海域划界问题掺入搜救责任区划界之中。即使理论及立法同时能够明确两者间的独立性,但是在海上搜救责任区的体系构建尚不成熟且未获普遍认可的前提下来谈及这一组矛盾的平衡仍无济于事。因此,海上搜

---

① 其矛盾点是海洋法与搜救法领域内所共同存在的对立统一关系。(参见何志鹏《国际法哲学导论》,社会科学文献出版社2013年版,第62页。)

② Griffiths, David N. "What's in a Name? The Legal Regime in the Caspian Sea", *Ocean Yearbook*, 2009; 161 (23), pp. 183 – 184;相类似的实例有对北极搜寻区域的划分,参见 Bjorn Arp. "Introductory Note to the Agreement on Cooperation on Aeronautical and Maritime Search and Rescue in the Arctic", *International Legal Materials*, 2011, 6 (50), pp. 1110 – 1130.

③ 参见《搜救公约》2.1.7。

④ 参见《搜救公约》2.1.7。

救责任区并未依公约的界定而相对独立,以能及时救助海上遇险人员,反而却因国家间完全的意思协商而实质上触及国家之间的边界问题,引起责任区范围下的海域争端。

第二,国家发展海上搜救力量的意识薄弱。国家发展自身海上搜救力量的意识薄弱,是其自身海上搜救责任区非独立性的主观原因。随着国家海洋意识的增强,国家的发展方向(尤其是东亚、南亚国家)常面向海洋开采,包括海洋油气开采、海洋科学研究等,而海上人道主义搜救力量的发展却较为落后,其意识也较为薄弱。[①] 一方面,从概率上来看,发生国际性的海上遇险事件并不多见,因此,相较于海洋经济的开采利用以及海洋政治权益的维护而言,国家对海上搜救所投入的协商精力及合作实践较少;另一方面,东南亚国家的海上搜救实力水平相差较大,搜救合作所需的技术积淀并不可观。基于这种现状,包括我国在内的诸多周边国家并未努力进行海上搜救合作责任区的协调,而是单独进行搜救行动。事实上,我国并未与其他国家在海上搜救责任区范围内订立搜救协议,以确立与其他国家在搜救责任区范围内的权利义务,而是将这一问题紧密联系于海洋权益维护的地缘政治因素,搜救行动的实施需要达成前置性协议用以解决复杂的通行、入境和搜寻限制问题等,这便不可避免地造成了海上搜救责任区的非独立性,进而从国家意识上强化了因海上搜救责任区重叠而引起的海洋权益争端。

二、海上搜救责任区缺乏应有的规范性

海上搜救责任区缺乏应有的规范性,是海上搜救活动中多边划定时所形成的法律问题的根本原因。非立足性,是指海上搜救责任区只是国家间妥协所形成的一种产物,无论是《联合国海洋法公约》还是《搜救公约》,都没有足够重视海上搜救责任区本身及其在海上人命救助过程中所发挥的作用。正是因为海上搜救责任区缺乏应有的立足性,国家之间形成多边海上搜救责任区才会愈发的困难,各国海上搜救力量也就无法更好地集中及配合,以达到真正救助海上遇险人员的目的。笔者认为,海上搜救责任区的非立足性源于《搜救公约》中国家实质性权利义务内容存在模糊。正是由于《搜救公

[①] 例如在"马航 MH370"事件中,马来西亚和越南自身经济实力及搜救装备较为落后,我国政府专业化救助力量也相对薄弱。(参见史春林、李秀英《中国参与南海搜救区域合作问题研究》,载《新东方》2013 年第 2 期,第 25 – 30 页。)

约》中国家实质性权利义务内容的模糊，搜救责任区范围内国家之间的合作就缺乏相应的制度依据，进而阻碍了国家之间多边海上搜救责任区的形成。从公约本身来分析，海上搜救责任区缺乏应有的立足性主要原因如下。

第一，海上搜救责任区的概念本身存在较大的争议。形成一个相对稳定的概念，是海上搜救责任区立足于相关公约的前提和基础。然而，无论是国内立法还是国际公约对于相关的概念都没有形成统一的认识。例如，我国《国家海上搜救应急预案》中"海上搜救责任区"是指由一搜救机构所承担的处置海上突发事件的责任区域，同时规定了负责海上搜救责任区范围内搜救活动的领导机构的职责；而《搜救公约》中"搜救区域"是指规定范围内提供搜救服务的区域，而并没有突出"责任"两字。因此，从《搜救公约》中概念的使用差异可以看出，公约本身并不强调缔约国之间在搜救区域范围内应如何具体的承担相关责任，只要搜救行为符合国家利益且不侵害国家领海划界及信息安全，这种行为就应给予肯定，而不需更多地强调国家应履行的实质内容，并在未履行的情况下承担相应的责任。因此，对于海上搜救责任区而言，如果不能形成一个被认可的统一概念（如我国国内法与公约之间的概念使用差异），那么就缺乏了继续深化合作并细化国家间行为规范的基础前提以及发展的推动力量。

第二，海上搜救责任区的立法设计常以程序规范为视角。海上搜救责任区的立足性，还需要以实体上的制度为根基和保障，包括海上搜救责任区的含义、责任区下国家间的权利义务等。然而，从《搜救公约》本身的设计体例来分析，其实体内容主要是第1章及第6章两部分内容，主要规范了海上搜救的组织及船舶报告制度，其中第3章、第4章及第5章的程序问题是公约的主体部分，占据了较大立法篇幅。事实上，公约的设计思路是从搜救技术角度出发，将其划分为若干个程序阶段，并在每一阶段中明确缔约国应该和允许的行为，以确立国家间的权利义务关系，而国家间在搜救环节中所必须遵循的实体性规范却相对欠缺。因此，《搜救公约》事实上并未以实体区域（即搜救责任区）为立法视角来规范国家应履行的权利义务，这便最终导致了海上搜救责任区下国家实质权利义务内容的模糊，消减了海上搜救责任区本身立足的可能性。

三、对国家主权权利的维护强于对遇险人员生命权的顾及

从海上搜救责任区本身的非独立性及非规范性出发来分析海上搜救活动

中责任区划定所产生的国际法问题具有一定的直接性，其根本原因是现有国际公约中对国家主权的维护强于对遇险人员生命权的顾及。基于海上搜救责任区构建不完善的现状，其与维护国家管辖海域内主权权利的制度构建之间已经产生巨大的反差。《搜救公约》及其他搜救合作协定中淡化对海上搜救责任区相关内容，但强调不得影响国家管辖海域范围内主权权利，根源在于以下两个方面。

第一，海上遇险事件具有偶发性。相较于维护国家管辖海域内的主权权利的需要而言，海上遇险事件的发生以及动用国家合作的力量参与搜救的概率较小。除了"马航MH370事件"搜救活动涉及多国，大部分海上遇险事件均是采用自救或其他搜救单元（如邻近商船、渔船等）救助，且这种救助在海上搜救活动中占绝大部分。因此，从价值意义上出发，着实无须在这一问题上让《联合国海洋法公约》或其他相关国际法规范做出特殊性的让步。

第二，遇险人员生存时间较为短暂。在海上遇险事件发生时，国家搜救力量的投入需要历经相应的程序，在多边海上搜救责任区范围之内这种程序就显得更为复杂。因此，在国家获知遇险信息直至搜救力量抵达遇险人员所在海域时需要一定的准备时间。然而，根据《国际航空和海上搜寻救助手册》的规定，2小时内获救通常才是保障遇险人员生存的平均临界时间，超过2小时搜救就会愈发困难，其中还需要排除海上遇险人员在遇险时可能受到的伤害。[①] 在这一情况下，遇险人员生存时间的短暂性与国家之间搜救力量抵达的耗时性之间就产生了矛盾：既然遇险人员生命权的保障更多在于其他搜救单元力量的参与，而这些搜救力量往往是周边的船艇，那么对遇险人员生命权的维护就上升不到国家层面，自然也就无须国家管辖海域内的主权权利做出特殊性的让步。

第五节　海上搜救责任区划定的进路思考

通过分析海上搜救责任区划定及其所带来的相关问题，笔者认为，缓解各种划定类型的海上搜救责任区所引发的相关法律问题，应首先从理论上明确海上搜救责任区本身应处的法律地位，并以《联合国宪章》为基础发挥国

---

① 参见《国际航空和海上搜寻救助手册》第三卷第二章。

家协定原则的作用,最后通过搜救船舶组织的建立推动国家间海上搜救责任区的完善与发展,以切实保障海上遇险人员的人身安全。

一、以完整的制度体系审视海上搜救责任区

以完整的制度体系审视海上搜救责任区,是在大型海上遇险事件发生时尽速救助海上遇险人员的前提,也是保障其本身独立性、规范性的基础。无论是相关国家的国内立法,还是各国间通过双边或多边形式达成的搜救合作协议,其对待海上搜救责任区的规定都不够完善。国内立法上,以我国《国家海上搜救应急预案》为例,在现有《国家海上搜救应急预案》条文中,规范海上搜救责任区的内容散见于第一、二、五、八章四个部分,且规范的内容比较散乱,包括但不限于责任机构及其职权、遇险信息的处置、国家合作、海上搜救重叠区的冲突调整等。[①] 而相关国家合作协定中,俄罗斯与美国、日本与美国,以及日本与韩国之间的海上搜救合作协议仅强调了海上搜救责任区的范围,没有提到在这一范围内国家搜救活动的权利及义务。完善海上搜救责任区的制度体系,至少需要注意以下四个方面的内容。

第一,海上搜救责任区的基本概况。海上搜救责任区的基本概况应包括一国海上搜救责任区的概念以及搜救海域的界限。一方面,海上搜救责任区的概念明确了单边划定搜救责任区的国家或搜救协定下的缔约国应对所达成的海上搜救责任区内的遇险事件负有相应的救助义务。未履行这种救助义务或对这种救助义务采取不作为态度的,被视为违背搜救协定,从而构成不法行为。另一方面,海上搜救责任区的相对界限能够有效地厘清国家之间的搜救责任,使相应国家能够清晰地识别自己海上搜救责任的范围,防止发生不必要的争端。

第二,海上搜救责任区内的主管机关及职权。除了海上搜救责任区范围内的基本轮廓之外,还存在着这一搜救区域范围内的国家主管机关及其相应的职权。如果是通过单边形式划定的海上搜救责任区,那需要在一国的相关法律规范或应急预案中明确在这一范围内国家主管机关的职权及义务,而如果是通过双边或多边形式划定的海上搜救责任区,那么就应该明确相关国家

[①] 《国家海上搜救应急预案》中对海上搜救责任区的规定的相关内容主要在第1章"适用范围"、第2章"省级海上搜救机构"、第5章"遇险信息的处置"、第8章"附则"中。

负责承担协定项下搜救义务的责任机构及其职权。具体而言,相关国家主管机关或责任机构的职权包括但不限于交换搜救情报、互相提供通信线路、搜救设备技术交换及培训、标准操作程序、访问交流等内容。

第三,海上搜救责任区内的救助服务范畴。海上搜救责任区不仅是搜寻范围内的责任区域,还是救助遇险人员的责任区域。因此,除了划定界限、主管机关之外,国家或国家间还要明确海上搜救责任区范围内相关的救助服务事项,包括救助劳务、搜救船舶燃料供给、医疗保障、设备回收问题等。对于双边或多边海上搜救责任区来说,救助服务事项的具体内容或合作程度仍然要依赖于其缔约国就这一问题的具体约定。

第四,海上搜救责任区的国际法效力。海上搜救责任区不仅要有独立的制度和框架体系,还应该具有相应的国际法效力,以保证其应有的规范性。笔者认为,基于《搜救公约》以及国家之间订立海上搜救合作协议的目的来看,海上搜救责任区的国际法效力应明确以下几点:①国家可以在特殊情形下以责任区的划定对抗可能存在的主权权利。在突发事件产生的前提下,一国有权在责任区内采取相关安全措施以保证遇险人员的安全。这种权利源于《联合国海洋法公约》或在公海范围内国家之间达成的协定,从而形成了针对遇险人员的特殊管辖权。① 但相较于主权这一概念而言,其实质是一种特殊的,数量上少于规范权力的累积,但主权则是国家通常的全部权利(即法律能力)的典型情况。② 因此,国家对责任海域主张的实质上是在某种危机情况下发生时的一种特殊管辖权,而这种管辖权在这种突发事件发生之时应优先于国家对其范围内可能存在的主权权利的一般性主张。②国家不能以责任区划定为由将管辖水域的主权问题混淆其中。当两国在公海范围内或是在某一国专属经济区范围内达成搜救责任区协定时,两国便默认在危机情况发生时,国家应在责任区内以搜救遇险人员为首要目的实施必要行动。因此,搜救国基于责任区协定在另一国专属经济区范围内(乃至领海范围内)所实施的救助行为(包括使用军舰、政府公务船、航空器进行的搜寻活动)不应被质疑为侵犯沿海国主权,并将主权问题混淆于搜救责任区的划定中,影响

---

① [英]伊恩·布朗利:《国际公法原理》,曾令良译,法律出版社 2007 年版,第 97 页。

② Verzijl. *International Law in Historical Perspective*, Kluwer Law International, 1968.

救援行动。① 但同时，搜救国所实施的救援行为必须不能对另一协定国的领海、专属经济区及其他管辖水域内的安全产生影响，更不能因此而损害沿海国的海域边界划分。确立海上搜救责任区的制度体系有两个重要的作用：其一，为解决搜救责任区划定所面临的法律问题提供解决思路。完整和系统的海上搜救责任区体系，有助于保障并促进在这一范围内海上搜救活动的开展，避免受到海域地缘政治因素的干扰，从而延缓救援时间，不利于救助遇险人员。其二，海上搜救责任区制度体系的建立能够为我国海上搜救相关国内立法提供重要的制度构建参考。除了国际法层面的作用之外，完整和系统的海上搜救责任体系同样有助于一国相关领域内的立法发展。对于海上搜救的国内立法而言，海上搜救责任区是必不可少的一环。研究这一制度体系的构建，可以为研究国内立法的相关问题奠定坚实的基础。

二、以协定及适当原则缓解责任区划定的冲突

海上搜救活动中责任区划定的法律原则，是国家在划定海上搜救责任区时所必须遵循的一般思路，明确这一思路有助于避免因海上搜救责任区的划定而带来的诸多现实问题。以协定及适当原则缓解责任区划定的冲突具有明确的国际法依据。根据《联合国宪章》的相关规定，国家之间应尽可能就区域问题促成相应的国际合作，以解决国际间属于经济、社会、文化以及人类福利性质之国际问题，且不分种族、性别、语言或宗教，增进并激励对于全体人类之人权及基本自由之尊重。② 据此，海上搜救活动中责任区划定的法律原则体系应被建立起来，并且以协定原则及适当原则缓解责任区域划定的冲突。

（一）协定原则

协定原则意指海上搜救责任区的划定主要是基于国家间的意思协商。协定原则是非主权原则的前提保障，只有在国家间就海上搜救责任区划定问题充分达成一致的情形下，责任区之内的搜救合作才能更为紧密，进展才能更为顺利，从而避免一国对另一协定国正常搜救活动产生质疑。然而，协定原则的确立是对责任海域的划定，是一种属地性的划定。因此，除公海范围内的责任区域协定之外，国家在进行协商的过程中会不可避免地将管辖海域问

---

① 金永明：《中国海洋法理论研究》，上海社会科学院出版社2014年，第19页。
② 参见《联合国宪章》第一条第三部分。

题带入国家协商的环节而混淆两者，阻碍协定达成的进程。例如中国与南海国家之间的搜救协定常常会受到国家间争议海域主权问题的影响，进而未有进一步的协商与实质性的进展。据此，海上搜救责任区划定的国家协商性问题与管辖海域内的海域划定问题便形成了一组矛盾。

确立协定性原则的过程中所必须解决的这一组矛盾可以通过设定"主导国"的方式进行缓解与调和，主导国是指在管辖海域范围内进行搜救协商时及实际救援行动产生时起引领作用的国家。然而在实践中，主导国的产生往往仅出现于实际救援活动之中，而并非在协定过程中，故主导国是责任区划定之后的产物而非之前。这便导致这种主导性仅是执行任务上的主导，而并非立法上的主导。因此，这一矛盾实际并未得以解决。例如在2014年"马航MH370事件"搜救活动中，飞机可能失事的地点在越南与马来西亚所协议的责任区范围内，故两国是救援的主导国，然而这两国都并未直接投入救援，而是以未明确飞机落于其管辖海域内为由推脱。① 这一现状导致出现两方面问题：第一，领海及专属经济区内的搜救合作较难形成。由于领海及专属经济区与沿海国主权问题紧密相关，故协商过程中如果不能确立沿海国的主导地位，搜救责任区的划分结果就有可能与沿海国管辖海域内的权利相冲突，不利于搜救活动的落实。第二，不利于提升国家搜救的危机意识。如果将主导国的确立看作责任区划定后的结果，国家在进行责任区划定协商的过程中就不能意识自己主导义务的存在，也不能在实际事故中立即确立自身的主导行为，从而易引发责任推脱并贻误救援时机。

当然，协定原则并不等同于平等原则，其核心一环在于协商划定责任海域过程中主导国的介入，即解决协定原则落实中所面临矛盾的根本出路是在责任区划定的过程中便确立协商的主导国，而非待到实际事故发生之时。因此，这种以主导国确立为核心的协定原则有以下几个方面的要素构成。

从前提上，责任区划定的对象是一国领海或专属经济区。在此种情况下，基于沿海国对其领海及专属经济区内所享有的特殊权利及一国位于其领海和专属经济区内海上搜救的特殊义务属性两个方面，便可与其他国家之间确立就责任区域范围内协定的主导国地位，从而主导性地与他国确立自身之于协定的权利及义务。这样便可在保护自身领海及专属经济区内权益不受侵

---

① 范烨民：《从马航MH370事件看国际联合救援的问题与对策》，载《新西部》2014年第9期，第168页。

害的前提下，积极主动地投入海上救援活动中。

从内容上，协商并确立沿海国、其他责任国的主导性及配合性权利义务。在搜救责任区范围内确立国家间权利义务关系是协定的核心内容。然而，由于协定关系的确立是以主导国所带动的。因此，主导国与其他国家之间便形成了"引领—配合"之间的法律关系，同时并可在协定的内容中以这种关系为核心确立主导国及配合国在责任区上的权利义务。通过这种方式，配合国在主导国（即领海和专属经济区范围内的沿海国）管辖水域内执行搜救任务，派遣船舶及航空器实施搜救的行为便有以主导国为引领的协议为依据，其搜救活动的限度及可为的搜救行为同样也受到协定的约束，故可从根本上防止责任区域内争议的发生。

从程序上，协商并确立沿海国与其他责任国间投入救援的顺序。在海上搜救责任区的划定协议中，除了明确主导国与配合国之间具体权利和义务的内容，还需确定在实际搜救行动中主导国与配合国分别投入救援力量的先后顺序及承接，尤其是在一国领海及专属经济区范围内的搜救合作，包括确定责任区内搜救的各个阶段、各国实际搜救的步骤等。程序性协定内容的确立有助于保障并落实各国实体性权利义务的行使，为各国搜救合作有条不紊的进行奠定基础。

综上所述，协定原则的落实矛盾主要是产生于搜救责任区与一国管辖海域发生重叠的情形，而"主导国"与"配合国"概念的引入是解决这一矛盾、提升各国在其管辖海域内搜救效率并促进搜救合作的重要方式。然而需要指出的是，除另有特殊约定外，公海海域内的责任区划定过程中的缔约国一般处于平等地位，故公海范围内的协定过程无须这组概念的介入和调和。

（二）适当原则

海上搜救责任区划定的适当原则，是指一国在划定本国的搜救责任区范围时或国家间在协商确定搜救责任区具体范围时应具有适当性。适当性原则是海上搜救责任区范围内的限度划分。这即要求，一国在确定其本国责任区时应注意划定的幅度，而不能盲目地扩大，同时也不能过小。因此，适当原则所要求的内容包括两个方面。

第一，在责任区受限的情况下寻求范围的突破。随着国家搜救技术的不断发展，拓展本国海上搜救责任区成为提升国际搜救能力影响的重要标志之一。如果一国海上搜救责任区范围过小，则在周边海域事故频发的情况下，或是跨洋海上通道贸易量巨大的情况下，就不能充分保障一国船舶及其人员、货物的安全。① 因此，在一定程度上扩展自身的海上搜救责任区的范围着实必要。

第二，在责任区宽广的前提下限制其范围的延伸。海上搜救责任区虽需扩展但也不应无限扩张而至区域过于宽广。② 这主要是基于以下两个原因：其一，责任区域过广意味着搜救责任的加重。虽然搜救协定的缔约国可能是双边或多边协定而并不涉及每个沿海国家，但是《搜救公约》及人道主义救援理念共同强调，各缔约方必须保证对任何海上遇险人员提供救援。提供救援须不考虑遇险人员的国籍或身份，或者遇险人员所处的情况。③ 因此，一国责任区域范围过广即等于加重自身的责任，在实际搜救中不利于协调其他基于属人因素而参入责任区内搜救的其他国家。其二，责任区域过广与及时救援人命要求原则相悖。相较于及时救助人命而言，拓展一国海上搜救实力这一目的应退居其次。而责任区域范围过广意味着，如果救援目标离本国管辖水域过远，则国家搜救力量到达至管辖海域需要较长时间，可能会错失最佳救助时机。

三、以国家间搜救船舶组织的建立提高责任区的有效性

在责任区范围内建立搜救船舶组织，是解决海上搜救活动中责任区划定相关问题的实践出路，也是规范海上搜救活动中船舶无害通行的基础。《搜救公约》已经建立了一套动态的船舶报告制度，但缺乏鼓励国家间构建一套静态化的船舶合作组织。搜救船舶合作组织是指在海上搜救责任区重叠范围内，由相关国家共同建立一支船舶组织，并对搜救船舶进行技术上的分类，形成并发展专业化、科技化、现代化的政府间专业搜救船舶组织。在各国协商并予以认可的基础上，通过对这些政府搜救船舶进行统一的许可处理，以避免重叠区范围内的通行困境以及国家的信息安全担忧，同时也节省复杂的

---

① 我国即是属于这样的国家之一。因受第一岛链的限制，我国搜救责任区的范围无法拓展。根据官方公布的信息，我国公布的海上搜救责任区的范围为：124°E 以西的渤海和黄海海域，126°E 以西的东海海域，120°E 以西、12°N 以北的南海海域，总面积约为 300 万平方公里。限于第一岛链内侧的黄渤海、东海及南海。

② 日本即是这类扩张海上搜救责任区的主要国家之一。日本依据其与美国的协定，将其东南部 1200 海里海域划定为自身的搜救责任区，并进行海上搜救活动。（参见海上保安厅《海上保安レポート》，海上保安厅 2011 年，第 25 页。）

③ 参见《搜救公约》2.1.10。

商议协调过程。

从理论上，国家间搜救船舶组织合作建立需要以下几个要素。

第一，搜救船舶组织合作的共识。搜救船舶组织合作的共识，是国家在建立某种船舶搜救合作组织前所必须进行的相关意思表示。国家搜救船舶组织合作的建立需要各国进行意思协商，确立建立合作组织的目标国家，就建立搜救船舶组织合作进行意见交换，并达成共识。

第二，设定统一的船舶组织的许可标准。建立相对统一的船舶组织许可标准，是各国之间确定参与搜救船舶的重要凭借，并且这些标准应尽可能获得多数国家的认可。如果一国相关的政府公务船舶符合相关标准，则该艘搜救船舶就可以加入相关的船舶组织，从而在通行至协定国国内的领海时给予一定的通行便利，即使是这些船舶通行至其他国家的领海，也不应当然的被视为有害。需要注意的是，搜救船舶在进入相关组织并执行相关任务应仅限定为特定紧急情形，即海难事件的发生，而不能成为日常任意通行乃至停留于其他领海的理由。

第三，确立船舶搜救装备的配置。搜救船舶装备配置的复杂性，是各国担心其通行至本国领海产生安全隐患的重要原因。因此，国家间搜救船舶组织合作的重要内容即是确定船舶搜救装备的配置，以排除对领海国构成严重威胁的设备的使用，保障海域的安全。例如《中美海上搜寻与救助合作协议》就在第二条第三项内容中明确了两国搜救设备和人员的合作，明确强调为了提高海上搜救能力，如果在适当的情况下，双方应该在海上搜救设备等技术领域进行合作。如果这种合作能够达成共识，那么国家之间就海上搜救责任区内相关法律问题便会大大的淡化，从而更加有利于救助海上遇险人员。

第五章　海上搜救活动中生态环境保护法律问题

海上搜救指在发生海上人员遇险情形时，搜救力量能够尽速抵达涉事海域开展救援，然而在实现这一目的的过程中可能产生其他严重问题。2018年1月，巴拿马籍油船"桑吉"轮与中国香港籍散货船"长峰水晶"轮在长江口以东约160海里处发生碰撞。此次事故不仅造成大量船员失联遇难，同时因碰撞导致船只大面积溢油，引发生态灾难。无论是从搜救的对象还是目的来看都应尽速救助遇险人员，但不得不重视这个过程中所引发的环境问题。例如，在此次事故结束之后，烟台海事局烟台溢油应急技术中心就对凝析油特性及其泄漏入海的影响进行了全方位的解读。在海上搜救活动中，人权与环境权的问题需要被妥善地处理和解决，所产生的问题很大可能是同时发生、并行发展的。因此，在全球环境治理视阈下分析海上搜救的法律问题，不得不关注其所带来的环境风险，并从多个角度提出应对的策略。

第一节　海上搜救活动中环境风险及其基本界定

按照时间和属性的区别，海上搜救过程中出现的环境风险存在不同的情况，应该首先对其进行界定。与海难救助不同的是，海上搜救是一种由政府主导进行的公益性活动，从事海上搜救活动的船舶可能属于政府公务类船舶，这类船舶不属于《海商法》中规定的"船舶"，故而其并不适用《海商法》中"海难救助"的相关规定，《海商法》中涉及的关于海难救助中所带来的侵权责任问题无法当然地适用于海上搜救活动。对于海上搜救活动中所产生的环境风险及其界定主要可以从三个方面展开。

一、开展人命救助的同时处理环境风险

开展人命救助的同时处理环境风险问题，是海上搜救活动中保护海洋环境措施的最主要情形。搜救主体以救助海上遇险人员为宗旨，但抵达涉事海域的同时发现遇险船舶大量漏油，若不及时进行处理可能引发更严重的生态灾难，如2018年巴拿马籍油船"桑吉"轮事故、2023年深圳籍"圣油229"邮轮遇险事故等。这种情形更多存在于装载运输燃油或有严重燃油泄漏可能性的船舶遇险时，此时救援油船的难度往往更大，一旦发生险情，对船上人员和海洋生态环境均会构成严重的威胁，这与一般意义上的海难救助存在较为明显的区别。对于政府开展的涉海洋环境方面的救助，目前我国国内法和各省市区出台的应急预案中均有相应的规定。例如，2019年《山东省海上搜寻救助条例》第九条明确规定生态环境单位是省海上搜救中心的组成部分，第十四条中明确提及海上搜救中心要建立健全海上搜寻救助专家咨询制度，聘请环境保护领域的专家或者专业技术人员，为海上搜寻救助工作提供技术咨询。2013年《广东省海上搜寻救助工作规定》规定：船舶、设施、民用航空器或者人员在海上遇险，应当采取一切有效措施进行自救和避免造成海域污染；造成或者可能造成海域污染的，应当立即启动相应的应急预案，采取措施控制和消除污染，并向就近有关海事管理机构报告。在我国国内法的视野下，政府主管部门开展海上搜救应当在救助人命的同时采取措施避免造成海域污染，或者应当在开展搜救工作时聘请专门的环境保护专家共同应对可能产生的环境问题。因此，相较于以救助遇险人员为单一目的，搜救主体仍需履行更多的义务。

2021年6月，国际海事组织海洋环境保护委员会通过了强制性文书《1973年国际防止船舶造成污染公约》（以下简称《MARPOL公约》）附则VI的修正案，规定了降低国际海运碳排放强度的技术和营运措施，其提出相比于2008年，要在2050年碳排放强度下降70%，2030年碳排放强度下降40%的目标，其宗旨在于降低航运业温室气体排放。尽管国际航运碳排放强度规则及其相关导则规定较为具体，对不同类型适用的船舶所应提交的文件、验证程序等进行了较为详细的规定，但是没有对船舶本身的属性做出类型化的区分和限制。如果从环境影响这一角度来看待海上遇险事故，除了其因漏油或溢油而产生的海洋环境污染问题，还需要考虑船舶（如发生火灾事故）所可能产生的大量温室气体排放问题，特别是在近年来国际海事组织反

复强调降低国际海运碳排放的这一背景环境之下。因此，开展人命救助的同时处理环境风险问题，本身就具有多重的要义。

二、海上搜救活动所导致的环境风险

海上搜救活动中的环境风险，除产生于遇险事故本身所引发的环境问题，还有可能来源于搜救活动本身。特别是在危险海况引发作业难度增大的情况下，海上搜救活动可能会引发二次环境风险。例如2022年"福景001"轮事故中，广州打捞局曾表示，由于受到台风产生的风浪影响，"福景001"轮事故难以开展有效的救援，整个海区是风场建设所在区，风场内的每一座风机都会对搜救船舶造成非常大的影响，大风浪环境下开展救援不仅可能会造成人员和船体的二次损害，还有可能由于受风浪影响而引发救援船舶的燃油溢出风险。

有诸多学者研究当海难救助人的过错而导致救助船舶损害，甚至导致海洋环境污染时应当如何承担相应的责任的问题。目前在司法实践中，《海商法》对救助人因过错致使受救助人损害是否需要承担责任无明确规定，而是依据民法关于过错责任制的一般性规定以及《海商法》中救助人可援引海事赔偿责任限额的规定推论出：救助人应当承担海事赔偿责任限额以内的侵权责任。但是这种情况无法当然地适用于海上搜救的情况，政府主导的海上搜救活动若发生此类问题应当通过政府赔偿的路径予以解决。因此，海上搜救活动所导致的环境风险、产生的法律问题应通过一国行政法及其相应的法规规章加以解决，如果一国与其他国家之间缔结并达成了相应的国际公约，则按公约规定的方式解决海上搜救活动所致的环境风险问题。需要明确的是，两种不同的风险之间并不存在相应的关联关系。无论是哪种风险都有可能在一次遇险事故中发生，且不以其他类型遇险事故的发生为前提，特别是在海上遇险状况复杂、自然环境恶劣的情况下，这些风险同时存在的可能性则非常高。与前一种风险所不同的是，海上搜救活动所致环境风险本质来说是搜救主体在从事其本职工作的过程中所实施的一种环境侵权行为。

三、人命救助与生态环境保护间的关系

海上搜救属于常用的公法意义上的概念，其救助对象是人的生命。相比于2016年的《海上交通安全法》而言，2021年新修订的《海上交通安全法》明确了人命救助与海洋生态环境保护之间的关系。根据该法规定，从事

船舶、海上设施航行、停泊、作业以及其他与海上交通相关活动的单位、个人，应当遵守有关海上交通安全的法律、行政法规、规章以及强制性标准和技术规范；依法享有获得航海保障和海上救助的权利，承担维护海上交通安全和保护海洋生态环境的义务。同时该法也规定：遇险的船舶、海上设施及其所有人、经营人或者管理人应当采取有效措施防止、减少生命财产损失和海洋环境污染。从更新的《海上交通安全法》来看，人命救助与生态环境保护之间的关系可以从两个方面来理解。

第一，从原则上人命救助与生态环境保护间是首要与重要的关系。新修订的《海上交通安全法》已经把人命救助跟维护公共利益和保护海上生态环境分别放置于"首要"和"重要"的地位，即以"人命为首，环境为重"，强调防止或减少海洋环境污染是施救方与受救助方双方共同的义务，这与原来未修订的法律之间有着明显的区别，至少在强调海上生态环境保护这一方面，新法还是将其置于一个相对重要的地位之上。

第二，在救助的先后次序上，生命救助优先于环境和财产救助。《海上交通安全法》规定：海上遇险人员依法享有获得生命救助的权利。生命救助优先于环境和财产救助。其仍坚持以遇险者为先、以人为本的原则。第六章更加明晰了各方在突发海上遇险事故时进行搜救的责任和义务，使得各方权利与义务主体之间的行为界限更加清楚、明确。基于这一法条，人命救助与海洋生态环境保护方面仍然具有较为明显的位阶关系，人命救助始终都是首要的、第一性的，而环境保护则相对位于其后，这也凸显了海上搜救活动的宗旨和理念。

另外，当船舶发生火灾，特别是油轮发生火灾之时，其产生的碳排放量巨大，对海洋生态环境的影响更为严重。由于全球气候变化所带来的影响日益严重，国际社会越发重视碳排放总量和分配的问题。然而，我国在关于碳排放等方面的相关立法还并不完善，2024年我国新出台《碳排放权交易管理暂行条例》也只是更加侧重于调整与规范和碳排放交易相关的行为，并没有真正地涉入不同的行业和领域。该条例第六条、第八条、第九条、第十条，无论是重点排放单位的确定条件，还是年度碳排放配额总量和分配方案的制订，都要在征求省级人民政府等方面的意见后由国务院最终确定，再由各地方具体实施。在我国海运业领域，这一问题暂时还没有现行有效的法律法规，但未来对各地区和各行业的碳排放应该会有更为明确的限制，届时人命救助与生态环境保护之间的关系及要考虑的因素可能会更为复杂。

第二节 海上搜救活动中生态环境保护的法律依据

无论是从国内法还是国际法出发,关于海上搜救活动中的生态环境保护问题均有相应的法律规范,不同规范在规定的内容以及侧重的角度等方面有所差别,笔者将从国内法和国际法两个层面予以厘清。

一、国内法律依据

调整与规范海上搜救活动中的生态环境保护问题的主要国内法律规范是《海上交通安全法》和《中华人民共和国海洋环境保护法》(以下简称《海洋环境保护法》),其中最直接的法律依据是《海上交通安全法》,其确立了海洋环境保护应作为施救方和受救助方所共同履行的义务。该法将原来的"海难救助"一章修改成"海上搜寻救助"以进一步地明确公法和私法之间的界限,其中就包含了在救助环境时国家主管机关应当采取何种行动及其相应的法律依据,明确了在《海上交通安全法》的规制下国家主管机关为保护环境实施海上搜救行为属于公法上的法律关系,其性质是行政事实行为。主管机关参与海上搜救,其目的是维护公共利益、保护海洋环境,此时的费用支出属于行政费用,与海难救助中的救助报酬有着明显的区别。

《海洋环境保护法》中明确了海洋生态保护相关问题,特别是第七章中关于船舶及有关作业活动的污染防治等问题,这些都是海上搜救活动中履行生态环境保护义务的重要法律依据。由于海上搜救活动本身具有较强的技术性、专业性和应急性,多数具体的行动方案会被编制纳入各个沿海地区的搜救应急预案之中,但这类预案主要是政府工作性文件,其发挥着指导性的作用,本身却不属于法的范畴。

除了法律之外,目前在我国具有约束力的规范性文件中,调整并规范海上搜救活动中的生态环境问题的法律主要指的是各个省份所制定的与区域海上搜救活动相关的地方性法规,以及我国与其他周边国家缔结的双边或多边海上搜救协定(如《中美海上搜寻救助合作协议》)。由于各个地方性法规的差异性较为明显,与周边缔约国之间达成的搜救协定及具体条款也不尽相同,因此,我国调整并规范与海上搜救活动相关的法律法规的效力往往只是辖及各个地方而不是全国,其具有较强的技术性而不是规范性。但其能够结合海上搜寻与救助活动的工作属性进行更为细致的规定，其中多数条款内容也与防止海洋环境污染紧密相关。

相关地方性法规包括《广西壮族自治区海上搜寻救助条例》《海南省海上搜寻与救助条例》《广东省海上搜寻救助工作规定》《福建省海上搜寻救助条例》《山东省海上搜寻救助条例》《上海市水上搜寻救助条例》等。这些海上搜救的地方性法规的法律效力低于《海上交通安全法》，但其对海上搜寻与救助的规定则更加具体和专业，各省区市的海上搜寻与救助条例虽只适用于本省区市管辖海域，但这些条例都遵循着相同的立法逻辑。以《福建省海上搜寻救助条例》为例，第一章规定了海上搜寻救助行动的基本原则与宗旨，既保障人民生命财产安全，又保护海洋生态环境。第二章界定了相关概念并规定了主管机关及其主要职责。沿海县级及以上人民政府负责建立海上搜救中心，其成员单位包括海事管理机构、海洋与渔业、交通运输、公安机关、应急管理、消防救援机构、生态环境、民政、卫生健康、外事、财政、台港澳事务、海警机构、水利、民航、通信、海关、边检、文化旅游等部门，各成员单位所属的海上搜救队伍、设施和设备服从海上搜救中心统一组织、协调、指挥，按照规定履行与海上搜救有关职责。第三、四章规定了搜救行动的基本模式，具体的行动规则包括预警及报告、安全保障、应急处置、搜寻保障等。第五章设定了法律责任。这些地方性法规都在总则部分强调了海上搜救活动的宗旨之一是保护海洋生态环境，但是大部分的规定都聚焦通过海上搜救行动以减少海洋生态环境破坏，而忽略了搜救行动本身可能带来的环境风险，以至于在法律责任上更加倾向于追究主管部门未按规定进行搜救行动的法律责任，对搜救活动本身的法律责任只字未提。

二、国际法律依据

除了国内法之外，我国也与其他国家共同签署相应的国际条约，部分条约内容也为后来我国国内法的修改提供了依据。这其中最为重要的是《1979年国际海上搜寻与救助公约》，我国于1985年6月核准了该公约的签署，7月该公约对我国正式生效。该公约是世界上第一个专门为海上搜救而制定的国际公约，其参与各方主体较多，该公约全面规范了与搜救有关的诸多事项，是各国海上搜救工作的主要国际法律依据。然而，由于公约生效时间较早，特别是在某些敏感领域及近些年来出现的新问题存在规制空白，如海洋污染、酸化及海平面上升等问题日益严重，因海上搜救活动本身和遇险船舶事故而造成的环境问题并没有被公约纳入,故而具有较为明显的滞后性。总体而言,该公约主要是关注海上搜救本身,对于其所产生或同时面临的衍生性问题规范得仍不足够。同时,还有诸多国际公约与海洋防治污染相关,主要有 1954 年的《防止海洋石油污染国际公约》、1972 年的《防止倾倒废物及其他物质污染海洋的公约》以及《经 1978 年议定书修订的〈1973 年国际防止船舶造成污染公约〉》等,这些公约的侧重点更多的是围绕防治海洋污染、维护海洋生态环境,其本身并不聚焦因海上搜救活动而同时面临或因海上搜救活动所导致的海洋环境污染应如何处理,欠缺一定的针对性。

双边条约也是海上搜救活动中的生态环境保护的重要法律依据,相较于多边条约其更具针对性,对解决更多具体的、细节的问题而言将更有操作性。

目前,我国现有的关于海上搜救中环境保护的条约主要有 1998 年的《中华人民共和国公安部和大韩民国海洋警察厅合作协议》、2001 年的《中华人民共和国政府和印度尼西亚共和国政府海运协定》、2005 年的《中华人民共和国政府和墨西哥合众国政府海运协定》、2007 年的《中华人民共和国政府与大韩民国政府海上搜寻救助合作协定》、2013 年的《中美海上搜寻救助合作协议》、2018 年的《中华人民共和国与菲律宾共和国联合声明》等。这些条约、协定、声明以加强两国在海上搜救领域环境保护的合作、提高搜救能力和效率为目的,为保障两国人民的生命财产安全、维护各自的海洋权益、促进地区和平稳定与安全做出了贡献。例如,2001 年《中华人民共和国政府和印度尼西亚共和国政府海运协定》第四条第三项规定,双方鼓励其与海运相关的机构特别是在海运教育、海运科研、海洋环境保护和海运管理方面,包括船舶登记程序开展合作。2005 年的《中华人民共和国政府和墨西哥合众国政府海运协定》第四条规定,缔约双方鼓励各自负责海洋运输的部门进行合作,包括船舶、船员、旅客、货物安全在内的航海安全和海洋环境保护的合作。

其中,某些双边条约为中国与他国协力进行海上搜救活动提供强有力的依据。比如,2007 年的《中华人民共和国政府与大韩民国政府海上搜寻救助合作协定》以保障海上人命安全和进一步提高海上搜寻救助行动的效率为目的,明确了在两国之间领海以外的水域开展的海上搜寻救助行动的具体规定,包括缔约双方应如何采取紧急措施给予遇险人员最合适的帮助,如该协定规定了面临危险报警时,应当由两国的执行机关进行协调,同时也规定缔约一方任何公民或船舶在遇到恶劣天气和其他紧急情况需要帮助时，在通知对方执行机关后，可在对方港口等安全水域进行避险，但出现船舶通信系统故障等异常情况时可免行通知。中美两国于2013年签署的《中美海上搜寻救助合作协议》，规定了两国在搜救行动中的职责和义务，包括情报交流、信息共享、联合搜救等方面的合作，为中美海上协作搜救活动提供具体可操作性的依据。

此外，部分国家同中国建立的双边或多边条约，同时考虑了人命救助和环境保护的双重目的。如2005年的《中华人民共和国政府与印度尼西亚共和国政府海上合作谅解备忘录》规定，双方将加强有关海上航行安全、海洋环境保护和海上安全的信息交流；2007年的《中华人民共和国政府和东南亚国家联盟成员国政府海运协定》规定加强海上安全和海洋环境保护，防止污染；2018年的《中华人民共和国与菲律宾共和国联合声明》规定双方同意加强其他既有涉海合作机制作用，落实好有关国际海事文件，确保海上人命安全，加强海洋环境保护和人力资源开发合作。

第三节 我国海上搜救活动中关于环境保护的问题与原因分析

随着可持续发展理念的提出和践行及中国对国际环保法规的国际责任的承担，我国越来越重视海上搜救活动中的环境保护。然而，在此过程中，我国信奉的"人命为首，环境为重"理念在国内法和国际法制定过程中难以同时兼顾。国内法和国际法的制定往往涉及众多利益方，包括各国政府、国际组织、企业以及公众等。这些利益方在海上搜救和环境保护问题上往往有不同的立场和诉求。此外，海上搜救和环境保护的实际情况也极为复杂，海上突发事件往往具有不可预测性和紧急性，要求搜救行动迅速而有效，在此情况下，更难以严格践行"人命为首，环境为重"的原则。

但是，我国仍然采取了一系列举措推动海上搜救活动中环境保护水平的提升。首先，从政策层面来看，我国出台了一系列相关法规和政策，明确要求搜救活动需兼顾环境保护。例如，《海上交通安全法》等法律法规中，就明确规定了海上搜救活动中应尽量减少对海洋环境的损害。其次，在实际搜救行动中，我国也积极采取环境保护措施。例如，在搜救过程中，搜救人员会尽量使用环保型的搜救设备和材料，减少对海洋环境的污染。同时，在搜救结束后，还会对搜救现场进行清理，确保不留下任何可能对海洋环境造成影响的废弃物。最后，我国还积极参与国际海上搜救和环境保护的合作与交流，通过与国际社会的合作，学习借鉴先进的环保理念和技术，不断提高我国海上搜救活动中的环境保护水平。

我国正努力尝试最大限度地减少搜救过程中对海洋环境的影响，但是，由于海上搜救活动本身存在的复杂性以及客观技术水平的局限等，我国在海上搜救活动中对环境的保护方面仍然存在一定的问题。

一、海上搜救立法单薄

海上搜救工作是海上安全的重要组成部分，直接关系人民的生命财产安全、海洋生态环境安全，关系改革、发展、大局稳定。我国是《搜救公约》的缔约国，《搜救公约》要求缔约国要建立本国搜寻救助法律框架，我国是航运大国，履行《搜救公约》的要求是缔约国的义务。但是我国海上搜救立法单薄，由于缺乏法律依据，搜救工作存在一定的问题，专业力量建设、救助补偿、救助工作本身对海洋生态环境的影响风险等问题无法从根本上得到解决，不利于海上搜救工作的良性发展。

如前所述，我国有关海上搜救的法律依据散见于《海上交通安全法》《海洋环境保护法》以及各沿海省市区的海上搜寻救助条例。《海上交通安全法》第六章（六十六条至七十八条）是海上搜救相关规定的具体内容，第六十六条指出海上搜救工作的目标，即人命优先、兼顾财产和海洋生态环境保护，第六十七条规定了海上搜救的基本原则，第六十八条、七十条规定了海上搜救的主管机关和具体行动机关，第六十九条确立了海上搜救专项基金制度，第七十条规定了报告制度，第七十三条、七十四条、七十七条确定了海难事故主体的互救义务、减损义务以及服从支付的义务，第七十五条、七十六条规定搜救主体的义务，要求搜救机关要尽力救助，及时核实险情，第七十八条提到了海上搜救的国际合作问题。规制某个领域的规则应当形成体系，而从《海上交通安全法》关于海上搜救的规定来看，第十八条内容还是相对单薄，这部分内容存在三点问题：一是相关内容缺乏明确的定义，二是内容不完备且缺乏细化条款，三是缺乏执行机制。虽然该法对调整和规范海上搜寻与救助行动进行了专章（第六章）规定，但是这些规定是比较抽象的。因而，很难证明《海上交通安全法》已经在海上搜救方面形成了体系性的规定。

构建完备的海上搜救法律体系,不仅要构建统筹全国的海上搜救法律法规,还要因地制宜考虑各地方的具体制度安排。中央立法和地方立法及政府规章都要具有可操作性强、执行效率高的制度设计特点,然而我国当前的海上搜救立法在这方面还有待加强。各沿海省市区的海上搜救地方性法规更多注重技术上的规范,搜救技术性规定成为核心内容。笔者认为,有关海上搜救的技术性问题可以从《国家海上搜救应急预案》中获得相应的技术指南上的指导,并无必要在地方性法规中重申这些技术性规定。实际上,各省市区的相关搜救条例应从规范性出发,设定更多的实体性规定内容,如搜救主体的权利义务、各省市搜救合作、搜救保障、搜救善后、搜救活动环境保护等内容。

纵览我国有关海上搜救活动的现有立法体系,首先,在中央层面,缺乏构成体系的海上搜寻与救助法律规范,散见于其他部门法的规范一般性指引不强。其次,在地方立法层面,虽已有相应的海上搜救条例,但是条例内容多偏向技术性规定,其规范性质不强,主要表现在主管机关及其职责、法律责任等规范性规定不够明晰。最后,不论是中央立法还是地方立法,有关海上搜救的立法都在一定程度上忽略了搜救活动本身带来的海洋生态环境风险。

二、海洋环境污染损害索赔主体不清

改革开放以来,经济迅速发展,海洋渔业、海上交通、海上石油勘探开发、海岸工程建设等生产活动日益繁忙,我国海域内的通行船舶数量持续增加,船舶突发事故造成的重大溢油事故时有发生,海洋生态环境风险日渐突出。据统计,仅1998—2008年,我国管辖海域内就发生了733起船舶污染事故,频繁的溢油事故加剧了中国近海海域环境污染程度。[①] 目前,我国已经基本构建了管制船源污染的包括法律、法规及公约的多层次法律框架。但是,实践中常常出现"六龙闹海"的尴尬局面。笔者将从一般情况(因海难事故造成的海洋生态损害)和特殊情况(因搜救行动造成的海洋生态损害)两方面具体分析确定索赔主体存在的困难。

---

① 参见白洋、刘变叶《加强我国船源污染防治法律制度的对策研究》,载《河南工程学院学报(社会科学版)》2010年第4期,第53-56页。

1. 一般情况下确定赔偿权利人的问题

《海洋环境保护法》将海洋环境污染损害主要分为两种：一是将污染直接引入海洋，带来的人身、财产损害；二是将污染间接引入海洋导致的海洋生态、水产资源损害，这种情况的起诉主体包括国家。[①] 两者的性质不同，前者是属于普通的环境民事侵权，由被侵权人作为起诉主体，国家不是适格主体；后者属于新型环境侵权，又叫作"生态侵权"，这种新型侵权行为损害的是公共生态利益，所以，国家行政机关根据相关法律的授权可以代表国家提起公益诉讼，至于公民、公益组织、社会团体能否起诉，暂无定论。实践中也很少有行政机关之外的主体能够参与海上生态侵权的诉讼中，一方面是诉讼能力不足，另一方面是法律未有明确规定。现有法律实际上对这种新型侵权是无法处理的，《中华人民共和国民法典》规定的环境侵权只针对因环境污染造成的人身、财产损害，现有的法律法规尚未确定生态侵权。

我国是社会主义国家，《中华人民共和国宪法》规定：矿藏、水流、森林、山岭、草原、荒地、滩涂等自然资源，都属于国家所有，即全民所有，海洋属于全民所有，破坏海洋生态环境，有损公共利益，到底由哪些行政机关代表国家提起公益诉讼一直存在争议。《海洋环境保护法》规定由国家行政管理部门（即海洋环境监督管理权的部门）作为国家利益的代表人提起公益诉讼；同时也规定了对海洋环境污染具有防治职责的机关，包括国务院环保部门、国家渔政部门、国家海事部门、国家海洋行政部门、军事环保部门、沿海县级以上行使海洋环境监督管理的部门。法律规定对海洋环境污染事件具有管理权限的机关众多，由于法律规定的模糊，可能会造成在实践中出现多头管理或者相互推诿的局面。此外，2019年新一轮的国家机构改革推进，环境保护部门职能由自然资源部和生态环境部取代，国家海洋局归属于自然资源部，而生态环境部实际上负责海洋环境保护，那么法规规定的"海洋行政部门"到底是自然资源部还是生态环境部呢？[②] 总之，法律规定的模糊，使多个行政主体都能代表国家进行索赔，职权划分不清，可能导致索赔

[①] 参见严金海、李克才《海洋生态环境损害赔偿的法律问题》，载《人民司法》2014年第11期，第85–87页。

[②] 参见廖兵兵、叶榅平《生态文明视域下海洋生态环境损害赔偿范围研究》，载《中国海商法研究》2022年第4期，第3–14页。

效率大大降低。①

2. 特殊情况下环境损害赔偿的难题

海上搜救活动是保护人类生命和财产安全的重要举措,然而,它也不可避免地对海洋生态环境造成一定的影响。搜救行动可能涉及燃料泄漏、化学品泄漏以及船舶残骸等污染物,这些污染物可能对海洋生物和生态系统产生不利影响,引发生态环境损害。因此,除了关注海难事故本身造成的生态损害外,也需要将目光聚焦搜救活动本身,认识其潜在的生态风险。

我国的海上搜救体系由中国海上搜救中心和地方海上搜救机构构成,这些机构负责指挥和执行海上搜救任务,其所属的交通运输部负责管理和监督搜救工作。然而,当海上搜救行动引发海洋生态环境损害时,便涉及责任主体和赔偿程序的复杂问题。自然资源部门或生态环境部门是否有权以海上搜救机构或交通运输部为被告提起公益诉讼?这涉及公益诉讼的范围和行政机关的法律责任问题。在公益诉讼中,如果原告和被告都是行政机关,就可能出现"自己告自己"或者"亲兄弟打架"的尴尬局面。此时,原告需要慎重考虑行使诉讼权利的范围,以避免可能的利益冲突和公共利益受损。同时,如果涉及国家赔偿的问题,则需要详细研究相关法律规定,确定责任主体和赔偿程序,以维护公共利益,保护生态环境。

在处理这些复杂问题时,相关部门需要综合考虑搜救活动的紧急性和海洋生态环境的保护,寻求法律、行政和环境保护等方面的有效平衡。这可能需要国家提升海上搜救能力,采取预防措施减少生态风险,以及建立健全的法律制度和监管机制应对搜救行动可能带来的生态挑战。

三、重大海上事故应急体系相对薄弱

目前,我国海上搜救队伍初成体系。国家公务员、军队力量、专业救助力量、社会力量共同为海上搜救保驾护航。但是,面对我国约 300 万平方千米的管辖海域和复杂的涉海事况,现有体系略显不足。其中,对海上重大事故的应急处理不仅对保障人民生命财产安全具有不可替代的作用,有效的应急处理还能够减轻事故对海洋环境的破坏,保护生态系统的平衡,体现国家救援能力以及在国际社会中展现国家实力和大国担当。但现阶段我国重大海

---

① 参见刘丹、夏霁《渤海溢油事故海洋生态损害赔偿法律问题研究》,载《河北法学》2012 年第 4 期,第 113 - 120 页。

上事故应急体系仍相对薄弱，主要体现在以下两个方面。

1. 应急体制机制还不健全

虽然我国重大海上事故的应急体制机制的确在不断完善中，但仍存在一定的不足。2006年实施的《国家海上搜救应急预案》制定了"统一指挥、分级管理、属地为主"的工作原则，成为我国海上搜救应急活动的主要工作原则，同时形成由搜救中心负责协同各专业救助队伍和若干部门（包括交通、海洋、海防、海警、海关、农业等）多方力量相结合的搜救体制。但是，因为"属地管辖"的特性，在重大海上事故中往往会削弱我国海上应急体制的危机处理能力。重大海上事故往往涉及跨地区的大面积海域，而我国各省市区因地制宜地出台了各地海上搜寻救助法规。在此情况下，因地区特点导致的法规差异可能会引发一系列问题。比如，各地不同部门搜寻救助职责不统一、不明确，区域间信息传递不及时，具体实施中反应缓慢、行动滞后等，难以实现"统一指挥、快速反应、密切合作、有效救助"的目标。[①]

2. 应急能力不足

大型船舶或客轮的重大海上事故，会对我国海上搜救能力提出更为严格的要求。相比于普通海上事故，这类事故往往需要多部门的联合行动和大范围的资源整合、迅速的反应能力和强大的信息互通机制，只有形成迅速、科学的合力才能达到救助遇险人员、保护环境的目标。但是，我国目前重大海上事故的应急能力不足，主要原因有以下几点：首先，我国应急救援装备设施欠缺。在重大海上事故中（如重大海上溢油事故、船载危险化学品事故），一方面需要搜救部门及时处理涉事海域已有的污染源，另一方面也要警惕救援船舶在救援过程中因不当使用设施设备从而造成二次污染。此外，在涉及偏远海域和深海海域，救援设施设备一定程度上也决定着救援行动的及时性和有效性。因此，提高我国应急救援设施设备的质量有较强的必要性。其次，我国海上事故专业救援队伍的建设存在一定的滞后性。我国已经广泛开展了海上搜救应急人员的培训，但是随着海上贸易的频繁和国际交往的密切发展，在面对各种各样船载标的物产生的污染时，因缺乏更专业的复合型人才，常常会对搜救活动和环境处理决策的科学性产生影响。

---

① 参见梁小成、刘继龙、吴燕婷《新〈海上交通安全法〉与海上搜救应急体系建设》，载《中国海事》2021年第12期，第19—22页。

四、在国际协作的海上搜救活动中进行环境保护面临的障碍

海洋是人类共同的蓝色星球,各国合力参与海上搜救活动不仅是履行国际公约的要求,也是海洋资源环境固有的重要性以及海上搜救活动本身的特点决定的。海上搜救活动呈现复杂性和综合性的特点,难以通过某个特定国家和搜救单位实现海上人财安全和环境保护的目标。随着我国越来越多加入以防止海洋污染为目的的国际公约以来,我国积极与相关缔约国开展保护海洋生态环境的合作。例如,中日之间的"黑潮合作调查研究"项目、中韩之间成立"海洋科学共同研究中心"以及中国与东盟国家共同合作保护南海生态环境。

但是,从国际法的视角看,各国在关于海上搜救活动过程中的环境保护之间的协作方面仍然存在一系列问题。其中,较为突出的便是目前还未形成针对海上搜救活动中环境保护的双边或多边协议。其原因在于:一方面,无论国内还是国际层面,将海上搜救活动和环境保护结合的意识相对薄弱,海上搜救活动和环境保护呈现相互独立的状态,彼此间似乎是互不相干的两个领域。另一方面,因各国利益、政策等的不同,两者在国际法层面很难共同地达成协议,缔约国之间可能无法同时解决海上搜救过程中的人命救助问题和环境保护问题等。此外,我国在国际协作的海上搜救活动中进行环境保护还面临以下障碍。

1. 海上搜救信息壁垒难以突破

信息的及时性和准确性是海上搜救策略和资源调配的基础和前提。信息的缺失或延迟可能延误重大海上事故的处理。例如,2007年9月2日,一艘中国籍渔船"浙润渔7302"号在浙江温州以东海域不幸与韩国籍化学品船"KEOYOUNG CHEMI"轮发生碰撞,导致渔船沉没。事故发生后,中国海上搜救中心接到了来自"KEOYOUNG CHEMI"轮的报警电话,该电话称发生了紧急情况。然而,电话随后中断,中国海上搜救中心便失去了与该轮的联系,从而延误了海上搜救活动。[①] 究其原因,一方面,中国目前还未与相关国家建立信息共享平台;另一方面,按照国际惯例,各国开展海上搜救活动

---

① 史春林、李秀英:《中韩加强海上搜救合作研究》,载《东北亚论坛》2015年第4期,第98页。

时应当以英语为工作语言,此种情况下,当母语为非英语的国家开展海上搜救合作时,无论是对信息传递人员的英语水平还是专业知识都提出了更高的要求。此外,各国海上专用报警电话的区别也使遇险人员难以及时通过判断管辖区域获得海上专业力量的救助。比如,中国海上专用报警电话是"12395",韩国是"122",日本则是"118"。[1]

2. 尚未建立重大事故联合应急救援体系

发生飞机坠毁、船载危险化学品泄漏等重大事故时,往往需要各国协力合作进行救援。但是目前各国在重大事故联合应急救援体系方面仍处于空白状态。而建立这一联合应急救援体系存在种种障碍:其一,相关搜救公约未能贯彻执行。除了上文提及已有公约缺乏聚焦因海上搜救活动而同时面临或因海上搜救活动所导致的海洋环境污染应如何处理的针对性内容外,已有的关于海上搜救或海洋环境保护的公约也未能很好地得以贯彻执行。比如,《搜救公约》明确规定海上险情发生后,各缔约国应采取必要的措施以方便其他国家的搜救设备尽快进入其领海[2],但因目前中国与重要邻海国家(如日本和韩国)尚未建立有效合作的跨国协调机构,使这一条款更显"倡导性"色彩。其二,各国海上搜救能力存在差异性。例如,中国对海上搜救的管理模式为"四级险情、三级响应",但各级的衔接性有待提高,而日本的因国内官僚体制使其难以满足国际搜救合作的需求。[3]

第四节 我国海上搜救活动中环境保护问题的解决建议

一、修订完善海上搜寻救助制度体系

海上搜救是保障人命安全和海洋生态环境安全的重要措施。健全的立法可以确保在海上发生意外时相关部门能够迅速、有效地展开搜救行动,最大限度地减少人员伤亡和环境风险。许多海上搜救行动涉及跨国合作,健全的

---

[1] 史春林、李秀英:《中日加强海上搜救合作研究》,载《日本研究》2015年第2期,第25页。

[2] 《1979年国际海上搜寻和救助公约》第3章。

[3] Statoru Ikeuchi. "A Country's Lasting Aftershocks", *The New York Times*, 2011, pp. 3–19.

立法可以帮助国家间建立起更加有效的合作机制，提高全球海上搜救的水平和效率。总的来说，健全海上搜救立法能够提高海上搜救工作的效率和水平，保障人命安全，促进国际合作，是维护海上安全和保障航行安全的重要举措。

1. 中央立法层面：加快修订《海上交通安全法》

长期以来，受各种因素的影响，我国一直未能形成有关海上搜救活动的统一法律或法规，参与海上搜救各部门职权不清、搜救力量薄弱、搜救资金缺乏、搜救工作本身的环境风险等问题严重制约了搜救工作的正常开展。因此，构建一部统一的海上搜救立法是形势所需。但是，笔者认为，在现阶段构建海上搜救条例或者海上搜救法并不合适。首先，海上搜救是一种应急行动，不具有常态化特征，而一部统一的法律应具有稳定性、抽象性的特征，不得朝令夕改，也无法事无巨细；其次，设立一部统一且独立的海上搜救法或海上搜救条例时间成本巨大，需要经历漫长的立法程序，不能满足海上搜救规则的迫切需要。

现阶段比较合理的做法是进一步完善《海上交通安全法》，加快本法的修订以满足海上搜救工作的需要。《海上交通安全法》对海上搜救的规定是抽象且精炼的，它不像地方性法规一样侧重于技术性规则，因此，我们应该在现有法律的基础上进行修订，赋予海上搜救更多原则性的规范，比如通过立法规定相关部门和机构在海上搜救中的责任和义务，可以避免因责任不清晰而导致行动迟缓或不协调的情况发生，提高搜救工作的效率和效果。明确规定海上搜救行动涉及不同部门、机构和国家之间的合作机制，促进信息共享、资源协调和协同行动，提高海上搜救的整体效率。规范海上搜救行动的程序和方法，确保搜救行动符合法律规定，避免出现违法行为或纠纷。

2. 地方立法层面：更加注重实体性规范的制定

明确当前中央层面的海上搜救立法模式后，还需要地方立法层面做出具体的制度安排。当前地方性的海上搜救法规的修订应当转变方向，要更加注重实体性规范的设定，以提高海上搜救工作的效率和质量。笔者认为，可以从以下几个方面考虑：第一，明确责任分工。地方法规应明确各相关部门在海上搜救中的责任分工，包括海事部门、救援机构、港口管理机构等，确保各方在搜救行动中清晰明确自己的职责和任务。例如，法规可规定海事管理局负责协调搜救行动，海警负责巡逻和警报，救援机构负责实际搜救等。这种明确的责任分工能够避免责任推诿，确保各方都知道自己的职责，从而提高搜救效率。第二，建立标准化程序。制定标准化的海上搜救程序和操作规范是确保搜救行动顺利进行的关键。这些程序应该包括警报机制（如何发出和响应紧急求救信号）、应急响应流程（各方如何协调行动）、通信协调（确保信息畅通）等方面。通过统一标准化的程序，国家可以确保在紧急情况下各方能够快速、有效地展开行动，提高搜救成功率。第三，加强国际合作。海上搜救工作常常需要跨国合作，因此在地方法规中加强国际合作的规定是必要的。法规可以促进与邻近国家和国际组织在海上搜救领域的合作与信息共享，确保在跨国搜救行动中能够高效协作，提高搜救的覆盖范围和效率。

二、健全海洋环境污染损害索赔机制

海洋生态环境损害本质上是一种新型的环境侵权，一般法理认为所有权人的所有物受到侵害就有权利请求侵权责任。我国是社会主义国家，《中华人民共和国宪法》规定：矿藏、水流、森林、山岭、草原、荒地、滩涂等自然资源，都属于国家所有，即全民所有，国家是国有资源的唯一合法拥有者，因此，国家自然是海洋生态环境损害的索赔主体。只不过在具体运作上，国家的角色如同法人一样，需要通过自然人的行为来实现自己的目的，国家需要通过立法和授权将对自然资源的进度管理职权授予给行政机关，由行政机关代表国家以实现国家的利益。① 问题就在于具体行政机关的确定。

1. 确定行政机关

与法院的地域管辖与级别管辖相似，我国行政机关代表国家提起海洋环境公益诉讼也应当采用级别与地域配合的管辖制度。建立自上而下的中央、省级、地市级政府三级海洋污染索赔机制。明确政府各部门在索赔中的职权和分工。具体而言，从地域上讲，由污染事故发生地的政府指定某一行政部门主管索赔，其他机关协调配合。《海洋环境保护法》规定，跨区域的海洋环境保护工作，由有关沿海地方人民政府协商解决，或者由上级人民政府协商解决，即事故发生地政府指定海事局或渔业局负责索赔。从级别上讲，确定索赔主体还应考虑事故规模，按照划定的事故等级确定索赔主体的级别，小规模的事故由地市一级政府确定，中等规模的由省级政府确定，较大规模

---

① 参见刘斐斐《我国海洋生态损害索赔主体法律问题研究》（硕士学位论文），大连海事大学2008年，第14页。

的由中央政府确定。

2. 明确权利范围

确定具体享有索赔权利的行政机构后，需要通过立法明确在海洋生态环境损害公益诉讼案件中作为国家利益代表的行政机关的诉讼权利范围。笔者认为，在一般的海洋生态损害案件中，即因海难事故本身造成的海洋环境损害，应当适当地缩限其诉讼权利，和解、上诉、撤诉等实体性权利的行使应当举行听证会。在这种情形下，行政机关面对的大多是普通民事主体，为防止私下勾结通谋，通过行贿受贿权钱交易放弃诉讼权利，损害国家整体利益，应当谨慎处理。在特殊情况下，因搜救行为本身造成海洋生态损害，相关部门通过诉讼获取赔偿并不是最合宜的方式。由于原被告都是国家行政机关，双方有充分协商的基础，因此，在这种情况下或许可以设置一个协商前置程序，若协商一致报上级机关批准同意，可不进入诉讼程序；若协商不成，则进入诉讼程序。这种协商前置，可以在一定程度上提高索赔效率，也可避免双方出现行政主体对簿公堂、损害公信力的尴尬局面。

三、建设现代化海上搜救应急体系

海上搜救应急体系是国家突发事件应急体系的重要组成部分，同时也是我国履行国际公约的重要内容。2022年，交通运输部等23个部门和单位联合印发《关于进一步加强海上搜救应急能力建设的意见》，意在进一步推进我国海上搜救应急体系的建设。现阶段，只有构建现代化海上搜救应急体系，才能满足"决策科学、指挥有力，全面覆盖、布局合理，专常兼备、本领高强，反应灵敏、快速高效"的海上搜救应急能力体系的要求。

1. 完善重大海上事故应急体制、机制

完善重大海上事故应急体制、机制是一个复杂且紧迫的任务，它涉及多个层面和多个部门的协同合作。海上事故应急体制、机制不仅在救助人命、保障财产方面发挥关键作用，同时也为环境保护提供保障。首先，应在尊重各地区差异的基础上推动各地区法规的协调和统一以推动各地区的合作。对此，交通运输部原副部长徐祖远曾提出，创建长三角水上应急救援联动示范区，为全国区域一体化发展提供可复制、可推广的活样板。在此情况下，推动区域内协同立法，构建由政府主导、部门联动、社会参与的区域性水上应急救援机制实为必要。此时应注意的是，尊重各地区的差异包括经济发展水平、当地救援队伍能力与经验和当地水域情况、海上环境状况，在"因地制

宜"同时"协同合作"地展开海上搜救及环境保护相关工作。其次，建立高效、统一的应急指挥体系。高效的应急指挥体系可以确保在重大海上事故发生时，相关部门能够迅速、有效地进行协调和指挥。同时，应明确应急指挥体系中各部门的职责和权限，确保信息的及时传递和共享，避免出现信息孤岛和沟通障碍。我国复杂的海上搜救指挥系统在一定程度上制约了我国海上搜救的效率和在搜救过程中保护环境的合力。对此，我国可以借鉴日本的搜救协调中心对专业救助力量的直接指挥机制，以完善我国海上搜救应急指挥体系。[①]

2. 加强重大海上事故应急能力建设

强大的海上搜救应急能力不仅能有效完成救助生命和保护财产的任务，还能对海洋环境污染风险作出预判，并采取合理措施避免环境污染。首先，加强预警和监测能力建设。预警和监测是应对重大海上事故的关键环节。因此，国家需要加强海上监测网络建设，提高监测设备的性能和覆盖范围，以实现对海上事故的及时预警和快速响应。同时，还需要加强对海上交通流、气象条件、海洋环境等方面的监测和预测，为应急决策提供科学依据，也为环境保护提供战略前提。其次，提升应急救援能力。应急救援能力是应对重大海上事故的重要手段。因此，国家需要加强海上应急救援队伍建设，提高救援人员的专业素质和技能水平，打造专业复合型人才，为各类海上事故造成的环境污染提供全面、专业的建议和切实可行的操作支持。同时，还需要加强救援设备的配备和维护，确保在关键时刻能够发挥最大效用。最后，完善应急预案和演练机制。应急预案是应对重大海上事故的重要指导文件。因此，需要制定和完善海上事故应急预案，明确应急响应的程序和措施。同时，还需要加强应急预案的演练和评估，确保预案的可行性和有效性，通过定期的演练和培训，提高应急人员的应对能力和协同作战能力。

四、完善海上搜救环境保护的国际协作机制

完善海上搜救环境保护的国际协作机制是一个涉及多方面因素的复杂任务，它要求各国在搜救的同时，充分考虑保护环境的需求，并确保国际合作的高效与协调。

[①] 马晓雪、石树凯、郭怡：《日本海上搜救应急体系研究》，载《中国水运（下半月）》2016年第3期，第44页。

1. 建立国际信息共享与沟通机制

在重大海洋事故中，信息共享与沟通机制的建立成为实现成功救援的重要基础和外在保障，信息的收集、整合及提供在海上搜救中必不可少。首先，制定统一的信息标准。为确保信息的互通有无和有效沟通，国际间需要制定统一的信息标准，包括但不限于数据格式、术语定义、分类编码、救援电话，以便各国和机构能够顺畅地共享和交流信息。其次，建立信息共享平台。信息共享平台用于收集和发布海上搜救、环境保护等相关信息，成为各国协力救援、保护环境的数据库。同时该平台应具备高度的安全性、稳定性和可扩展性，以确保信息的准确传递和存储。最后，要培养专门涉外人才，推动跨领域合作。国家应通过优化高校课程设置，培养"海洋+英语"或"法律+英语"等涉外人才，开展跨国交流项目，鼓励涉外人才"走出去"，为我国参与国际海上搜救环境保护提供强有力的后备力量。

2. 建立国际重大海上事故联合应急救援体系

相比于国内重大海上事故应急救援体系，构建国际重大海上事故联合应急救援体系有其特殊性。由于涉及多国利益，顺利进行联合救援并保护环境具有更大难度，对此，国家间应当结合国际特殊因素，全面考虑各种影响因素，打破各国利益壁垒，为海上搜救中的环境保护提供支持。首先，应当明确体系目标和原则。在当下，各国应当有保护海洋环境就是保护人类共同家园的集体意识，各国协力参加海上救援的目的应当统一为提高救援效率、降低事故损失、保护海洋环境、实现人类社会的可持续发展。其次，制定与国际重大海上事故联合应急救援体系相配套的支持政策和服务体系。对此，两国应加快谈判进程，推动协定的正式签署。此外，各国应建立国际重大海上事故应急救援专项基金，用于支持救援设备的购置、维护、更新以及救援人员的培训和演练等，同时加强对国际救援人员环境保护意识的培养，建立高素质的海上联合救援队伍。

第六章　全球环境治理视阈下海上搜救的环境损害责任问题

海上搜救活动当中的环境责任问题，是指海上搜救主体在参与搜救活动当中对可归结于自身的原因而导致跨界环境损害应承担的一种责任。其中，跨界性是其必须具备的条件，只有在存在跨界性损害的前提下，此种损害责任才属于国际法的调整范畴，如果搜救活动所造成的环境损害不具备跨界性，那么此种环境损害属于一国国内主权自治的事项，通过该国的国内环境法即可解决。明确海上搜救活动中环境损害责任的构成、承担以及管辖豁免等问题，不仅对厘清各国之间的责任关系、防止各国间互相推脱责任起到关键的作用，还能在搜救活动中保证遇难人员人身安全，尽可能地减少对环境的损害，防止出现为了搜救遇难人员而无限度地对环境造成长久的、严重的、不可逆的损害。分析海上搜救活动中的环境损害责任，首先应明确该种跨界环境损害责任的构成体系，其次在构成基础上厘清其承担问题及责任管辖豁免问题，最后应对界定不同搜救主体所承担的环境损害责任过程中的利益平衡问题进行必要的衡量，以使海上搜救活动中的环境损害责任处于基本衡平状态，防止责任保护的过分倾斜，从而造成责任不公的状态。

第一节　海上搜救活动中环境损害责任的构成

在海上搜救活动中，搜救实施主体主要由搜救责任区内的缔约国以及可能存在的人道主义救援国所共同组成。海上搜救责任区内的缔约国负有救助责任区域内遇险人员的义务，而人道主义救援国则仅是道义性的提供搜救援助，故在因海上搜救事故而导致环境损害结果发生的前提下，不同搜救国的责任构成也存在明显的差异。现有国际环境法体系下未能明确在海上搜救活动中造成跨界环境损害责任的构成，故而判定环境损害责任的成立标准便相对模糊，但当前对此的分析与讨论较少。因此，有必要厘清存在的争议点，分析其产生的现实问题，以提出对海上搜救活动中环境损害责任构成的思考。

一、海上搜救活动中环境损害责任的归类分歧与现实困境

海上搜救活动中产生的环境损害责任，是以导致跨界的环境损害为前提的。由于其跨界性的存在，应当受到国际环境法的规制。但由于海上搜救活动是一种系于海上遇险人员安全且具有公益性质的国家行动，因此一般国际环境法意义上的环境损害责任构成理论实际上直接适用于海上搜救活动中的环境损害问题中，因为难以直接认定海上搜救活动中的环境损害责任属于哪一种。当前，国际环境法视角下的跨界环境损害责任主要有以下两种。

第一，以行为不法性为基础的跨界环境损害国家责任。在国际环境法的一般领域，跨界环境损害国家责任是国家违反了国际环境法义务而产生的。国家违反其加入的国际环境条约、应该遵守的习惯法规则或者普遍适用的一般环境法规则设定的作为或不作为义务，当然可能出现对其他国家或地区造成跨界环境损害的情况，此时国家就需要负担、接受传统的国家责任规制。在此种情形下，跨界环境损害国家责任只是传统的国家责任的一种。而关于传统的国家责任，其构成是否包括国家行为的主观过错性存在着争议。一种观点认为：国家责任的构成不必依赖故意或过失等过错因素，只要存有损害结果和行为可归因于国家的因果关系即可成立国家责任。[①] 另一种观点则对此予以否认：在确定国家责任时，应对因有意或重大过失而产生的国家责任与仅轻微过失而产生的国家责任进行区分，因此需要在不同案件中具体且恰当地分析国家行为的过错性才能公平地界定一国的国家责任。[②]

第二，不以行为不法性为基础的跨界环境损害国家责任。在航空航天、核能利用、船舶运输这些高科技领域，搜救活动具有高度危险性，极易对别的国家、地区造成跨界的环境损害，但这些领域关系着一个国家发展，所以其不可能被国际环境法所禁止。对这些行为放任不管会造成国家环境主权的滥用，所以仍然需要对其进行合理的规制，在损害行为合法性的基础上对其

---

① ［日］松井芳郎、佐分晴夫、坂本茂树等：《国际法（第四版）》，辛崇阳译，中国政法大学出版社2004年版，第218页。

② Oppenheim. *International Law*, Longman, 1992, p. 406, p. 416.

设置国家责任。特殊领域的跨界环境损害国家责任不以行为的违法性为成立基础，即违反国际义务不是此种特殊领域下跨界环境损害责任的构成要件，而造成环境损害结果是必要要件。

从应然层面看，海上搜救活动所具有的公益性决定了其不应当被认定为具有"行为不法性"，相反的，应当是被世界各国所鼓励的行为。但是，如果将海上搜救活动中的环境损害责任认定为不以行为不法性为基础的跨界环境损害国家责任，那么简单而言，一国在海上搜救活动当中造成了环境损害结果，那么该国就应当对该损害结果承担责任。那么可能会导致两个问题：

第一，直接降低搜救国的搜救积极性。在海上搜救活动中，搜救责任区内的缔约国以及人道主义救援国往往同时参与救助海上遇险人员，而"一国在海上搜救活动当中造成了环境损害结果，那么该国就应当对该损害结果承担责任"这一严格责任原则的存在则不利于促进搜救国参与搜救的积极性。搜救责任区内的缔约国对其责任区范围内的遇险人员负有救助的义务，其行为要受到搜救责任区内的国家协定或《搜救公约》的约束，并按照相关的法律规范参与救援。如果在海上搜救活动中造成环境损害即赔，那么缔约国为了避免承担环境损害责任，在搜救过程当中可能不会选择全力搜救。例如，《国际防止船舶造成污染公约》规定了船舶因"救护海上人命"排放污染物质，从而对环境损害时可免责，但该公约并未对国家的环境损害责任做规定。假设在一国的海上搜救责任区内，仅有一艘载有燃料油的船舶在海难现场附近，其属于能够最快进行海上搜救的船舶，但其必须排放一部分燃料油才能够进行救助。其听从了该国官方的指挥排放了一部分燃料油进行海上搜救，那么在此时，此艘船舶可以基于《国际防止船舶造成污染公约》免责，但在国家层面基于造成环境损害即赔的严格责任原则，在没有免责事由的情形下，就应当承担环境损害责任（在不足以认定为不可抗力的情形下）。那么为了避免此种责任，缔约国可能会选择替代性方案规避可能产生的环境损害，例如派遣较远的搜救船执行搜救任务，而此种替代性方案可能导致海上搜救活动的失败或效果不佳。而人道主义救援国往往是道义上的援助，从客观上而言其本身既无搜救义务，也无具体针对搜救活动的客观标准，而是一种好意且主动的援助行为。如果将人道主义救援国在搜救过程当中造成污染即赔的原则引入环境损害责任的确定过程中，则会使越来越多的沿海国为避免更多的责任承担可能而放弃搜救责任区内国家间合作，与人道主义救援国之间产生互斥心态，进而根据自身的意愿选择性的转向进行人道主义救助。

不可否认的是，海上救援力量的核心仍不能离开海上搜救责任区的形成与发展，搜救责任区内的缔约国仍是救援力量的中流砥柱。因此，海上搜救活动的顺利开展需要更多沿海国家的加入并壮大搜救责任区内的救援力量，以使更多公海区域被纳入国家间的搜救责任区范围。现如今，国际海上搜救责任区的范围还不够广泛，责任区范围内的成员数量也并不客观，需要鼓励更多沿海国家投入人道主义救援的行动中，因此，如果打消人道主义救援国的积极性，则会阻碍整个国家海上搜救活动的顺利进行。

第二，无法平衡搜救国与受损害国的利益关系。基于上述分析可知，如果依照不以行为不法性为基础的跨界环境损害国家责任的原理来认定海上搜救活动当中产生的环境损害责任，那么此种严格责任原则有些过于保护受损害国。在国际环境法的一般场景下，此种严格责任原则是有实际依据的，简而言之，环境受损害国没有理由承担损害国发展所带来的代价。但在海上搜救活动造成的环境损害中，如果仍然依据严格责任原则来认定，那么对搜救国的搜救积极性造成沉重的打击，从而不利于国家海上搜救活动的发展，也不利于对受害人的及时救援。然而，如果依据以行为不法性为基础的跨界环境损害国家责任的过错责任原则来认定海上搜救活动造成的环境损害，那么此种过错责任原则的适用虽然能够明确加害方承担责任的方式以及程度，但却不利于受损害国的权益保护。根据这一归责原则，如果一国实施搜救时遵守了公约和国内法，履行了相应的义务，但依然发生了损害结果，其就不应承担责任。这也意味着，在没有其他相关的法律规范或具体的补救措施合理照顾受害方合法权益的前提下，受害方所遭受的损害往往难以得到弥补，从而可能造成诸多不公平的现象，国家甚至可能会依客观或主观的过错为保护屏障刻意规避自身本应承担的赔偿责任。

二、海上搜救活动中环境损害责任的重构

通过分析海上搜救活动中环境损害责任归类分歧与由此产生的现实困境，笔者认为，基于鼓励海上搜救活动的出发点，海上搜救活动中环境损害责任的构成不能直接按不以行为不法性为基础的跨界环境损害国家责任的一般国际环境法下的认定思路进行，还应考虑一国在搜救行动当中的具体行为是否构成不法行为，且在具体判定不法行为的过程中将搜救责任区内的缔约国以及人道主义救援国两者进行区分，分析并界定人道主义救援国提供救援而至损害事实发生的过错性。

（一）海上搜救中环境损害责任的构成

笔者认为，不能直接以严格责任来认定海上搜救中环境损害责任的构成，主要基于以下两点原因。

第一，在跨界损害的国家责任构成中，责任的确立不以不法行为的出现为前提，这是因为 1998 年《国际法不加禁止行为的损害性后果所引起的国际责任的条款草案》中所提及的几种不考虑国际不法行为的损害结果往往具有灾难性，并且国家所从事的活动具有一定程度上的有害性和高度危险性，如原子能开发、重工业生产、外空探索等。[①] 因此，在判定跨界损害的国家责任构成时，为了保护受害人或受害国的利益，往往只强调损害结果以及因果关系，不考虑国家行为的不法性，是一种严格的责任。[②] 但海上搜救活动却与之存在很大不同，国家从事这类活动不仅不具有高度危险性及有害性，甚至还可称其具有有益性，即使存在发生环境损害结果的可能，也是低概率的。从实然层面看，不论是搜救船与遇难船的二次撞击导致的污染抑或是搜救船产生的碳排放，都难以称得上具有灾难性和大规模性的环境损害。由此，对这类活动所造成的损失进行归责就不能适用严格责任原则，而应是过错责任原则。但是，搜救船造成的油污污染是一种例外情况。油污对于海水、海洋生物、鸟类甚至沿岸居民等，都会造成长久的、严重的、不可逆的影响。自 1954 年的《防止海洋石油污染国际公约》施行起，国际组织陆续公布了《1969 年国际干预公海油污事故公约》《1969 年国际油污损害民事责任公约》、1973 年的《国际防止船舶造成污染公约》等一系列国际条约，以应对油污对海洋造成的巨大损害。造成海洋油污污染应当被认为是一种具有高度危险性及有害性的活动，认定海洋油污污染行为的环境责任，应当是一种不以行为不法性为基础的跨界环境损害国家责任。因此，需要特别说明的是，后文中以不法行为来认定海上搜救活动中环境损害责任时，并不包含造成油污污染的情形。

第二，海上搜救活动本身需要较高基准的责任构成来促进国家合作的形成。将不法行为作为海上搜救活动中环境损害责任的构成条件之一意味着环境损害责任的构成基准被提升，国家无须仅依据自身所造成的损害结果而当

[①] 林灿铃：《国际法上的跨界损害之国家责任》，华文出版社 2000 年版，第 57 页。
[②] 林灿铃：《国际法的"国家责任"之我见》，载《中国政法大学学报》2015 年第 5 期，第 148 页。

然的承担责任。这种构成设计一方面是为了鼓励国家积极参与搜救活动,另一方面也是为促进国家搜救责任区的成立。国际海上搜救活动的开展以海上遇险事故的发生为前提,其并非属于常态化的国家行为,而是发生在特殊且紧急的情况之下,发生环境损害行为并造成损害结果实属低概率事件。如果国家在搜救活动中被赋予严格的、低基准的责任构成,则意味着国家很可能因担忧自身在搜救活动中过重的责任承担而放弃与他国进行更为紧密的搜救合作,从而无法及时有效地救助海上人命及其相关财产,造成更为严重的人员伤亡及财产损失。相比而言,因国家急于搜救或搜救合作过于松散而可能导致的损害发生具有高概率性,乃至必然性。基于国家海上搜救活动对防止人员伤亡及财产损害的进一步扩大有着良好的挽救作用,且这种作用的发挥需要建立于国家之间更紧密的搜救合作。因此,海上搜救活动中国家承担环境损害责任的构成不能仅依赖自身所造成的损害结果,还应考虑国家是否存有不法行为。

(二) 人道主义救援国的环境损害责任判定

对于国家责任的构成是否包括国家行为的过错性这一分歧,笔者持折中态度,并认为一国行为的主观过错性是否能够作为判定其环境损害责任的构成标准,取决于国家在搜救活动中的地位。国家参与海上搜救活动可能是以人道主义救援国身份加入救援,也可能是以搜救责任区内的缔约国身份加入救援。因此,对两种不同国家责任判定的主观标准也应有所区别:第一,针对搜救责任区内的缔约国的判定,由于搜救责任区的缔约国存在明确的搜救协定及其他相关法律规范,故判断搜救责任区内缔约国的过错性可依据其是否客观的违反了相关的行为标准来拟制的做出推定。第二,针对人道主义救援国的判定,由于人道主义救援国实施救援往往是道义上的援助,从客观上而言其本身既无搜救义务,也无具体针对搜救活动的客观标准,而是一种好意且主动的援助行为。① 因此,在判定人道主义救援国的不法行为时,除了要判定人道主义救援国是否客观上违反了其他相关法律(如《1972年国际海上避碰规则公约》)的规定,还要从主观上探寻其是否存在重大的过失。②

---

① Fauchille. *Traite de droit international public*, Rousseall, 1922, pp. 517–518.
② 赵洲:《国际不法行为责任上的主观因素》,载《中南大学学报(社会科学版)》2011年第3期,第66页。这里排除搜救责任区内缔约国和人道主义救援国存在故意造成责任损害的可能。

如果确实按照谨慎合理的行为标准、方式而行动，在特定的情形下，即便其行为在客观上违背了其应承担的国际义务或规范（尽管这些国际义务与规范并不与搜救活动直接相联系），也不构成不法行为。①

人道主义救援国的环境损害责任判定应考虑行为的主观过错性，主要原因在于：海上搜救活动需要尽可能地鼓励人道主义救援国的积极参与。对于人道主义救援国而言，其参与搜救的行为而致环境损害结果发生的赔偿责任构成与搜救责任区内的缔约国相同，都必须要考虑该国是否存有不法行为。但人道主义救援国如果主观上不存在过失，即使其客观违反了相关条约的义务，也不承担环境损害责任。在当今海上遇险事故时有发生的情况下，沿海国家之间的搜救合作往往较为松散，国家间缔结并形成的海上搜救责任区往往面积较少，并未能广泛的覆盖公海区域，即使存在着海上搜救责任区，其范围内的缔约国数量也较少，搜救实力十分有限。在这种情况下，人道主义救援国的积极参与对于减少海上遇险人员伤亡有着积极且重要的意义。② 人道主义救援国本身存在着善意的主观动机，希望通过自身的积极参与努力救助遇险人员，以尽可能地减少人员伤亡及财产损失。因此，在人道主义救援国发生侵权行为并造成相关环境损害结果的情况下，法律不应严格苛求其责任，而应在考虑其是否存在客观不法行为的基础上，尽可能地考虑其主观是否存在过错。

（三）海上搜救活动中国家环境损害责任的构成要件

通过对海上搜救活动中国家环境损害责任构成理论的分析，笔者认为，海上搜救活动中国家环境损害责任的构成要件应包括以下三个方面。

第一，国家行为所导致的环境损害结果。国家行为所导致的环境损害结果包括了损害结果的客观存在以及这一损害结果可归因于一国行为的因果关系，这一构成要件是判定海上搜救活动中环境损害责任成立的基础性要件。如果国家海上搜救活动并未造成任何损害结果，或者损害结果的出现并非为搜救国所为，国家便不可能承担相应的责任。

第二，国家行为的不法性。海上搜救活动中国家环境损害责任的构成除了包括产生一定的损害结果以及该损害结果可归因于该国的因果关系，其还

---

① 见"科孚海峡案"中对国家责任规则理论的采纳。
② 史春林、李秀英：《中国参与南海搜救区域合作问题研究》，载《新东方》2013年第2期，第25-30页。

应以国家的不法行为为前提条件。在具体判定一国是否构成不法行为时，应看其客观上是否违反了相关的行为标准：首先，应依据搜救责任区内缔约国之间的搜救协定；其次，在搜救协定中没有明确规定且缔约国又均是《搜救公约》缔约国的情况下，依据《搜救公约》的有关规定；再次，在搜救协定及《搜救公约》中均没有明确规定时或损害行为国并非《搜救公约》缔约国的情况时，应结合损害行为的性质，依据其他国际公约（如1982年《联合国海洋法公约》《1972年国际海上避碰规则公约》等）做出判定；最后，如果不法行为并无任何条约能界定时，也可以根据国际习惯法和公认的国际法原则来进行认定。

第三，国家行为的主观过错性。国家行为的主观过错性是人道主义救援国构成责任的一个特殊要件，对于人道主义救援国而言，还应在其客观上违反相关行为标准的前提下，考虑其主观上是否存在相应的过错，以最终确定是否应承担相应的环境损害责任。

此外，在造成油污损害的情形下，认定海上搜救中国家环境损害责任的构成要件则有所不同。因此时除去了不法性要件，在损害后果与行为之间具有因果关系时，即可认定参与搜救的国家应当对相应的油污污染承担环境损害责任。但需要指出的是，此处的因果关系应当体现为造成或者加重，具体而言，假设遇难船舶是一艘运载燃料油的船，其在遇难时未造成燃料油泄漏，而是在搜救过程中，因搜救的行为造成了燃料油泄漏，搜救行为与燃料油污染之间可以被认定为具有因果关系。

综上所述，在判定海上搜救活动中环境损害责任的构成时，应明确的是：搜救国是否存在不法行为应作为赔偿责任的构成要件之一，在具体判定搜救国是否存在不法行为时，对搜救责任区内的缔约国应采纳"客观过错"标准，依据其行为是否符合相关的法律规范做出推定，而对人道主义救援国应采纳"主观过错"标准，除了需要明确其客观是否违反其他相关的行为规范，还应探寻其主观上是否存在过错。油污污染作为一种例外情况，在认定环境损害责任时，证明搜救行为与损害结果之间存在因果关系即可。

第二节 海上搜救活动中环境损害责任的承担

海上搜救活动中环境损害责任的承担，是国家自身对在搜救活动中环境损害行为所产生不利后果的承担，也是明确国家责任构成后的一种实际履行。因不同搜救国的搜救地位及责任构成的差别，不同搜救主体在国家责任中的承担形式及承担程度也存有差别。

一、海上搜救活动中环境损害责任承担的起因

海上搜救活动中国家责任的承担起因于环境损害行为的发生，而这种损害行为主要存在于国家积极的行为而导致相关环境受损。海上搜救活动中环境损害责任承担的起因主要是国家的积极作为。国家的积极作为而导致的环境损害责任，是指在可归咎于海上搜救活动中的责任区内缔约国，以及可能存在的人道主义救援国的前提下，对相关水域或大气造成跨界损害所致的国家责任。海上搜救活动是由搜寻和救助两个阶段构成，其中包含了不明阶段、告警阶段以及遇险阶段。在不同阶段的搜救工作中，搜救船舶及航空器需要面临地域广阔且复杂多变的海洋环境，这增加了海上搜救活动的风险性，也同时增加了搜救船舶及航空器对搜救海域、大气造成环境污染，以及对相关生物资源造成污染或威胁的可能性。在此种情况下，搜救船舶及航空器的所属国、主导搜救活动的责任国及其他相关国家可能都需要承担相应的责任。

但在负有搜救义务的国家或是搜救责任区内的缔约国未能按照相关法律的规定实施搜救活动，或是面对遇险行为而采取消极被动的做法时，就有可能导致对某些权利主体的侵害，例如负有搜救义务的搜救国抱有消极的心态，致使延误救援时机而造成搜救行为失败必然能够归因于国家。

二、海上搜救活动中环境损害责任承担的形式

国家责任的具体承担形式包括了终止不法行为、恢复原状、赔偿、限制主权和刑事制裁等，在海上搜救活动中，因环境损害责任的产生而给予受害国的赔偿或补偿是在该领域中国家责任承担的主要形式之一。除此之外，环境损害的发起国对因海上搜救活动而产生的环境损害事件同时也可采取"恢复原状"。具体而言，这种责任承担形式的确定要从搜救责任区内的缔约国和人道主义救援国两个不同的主体角度切入。

（一）搜救责任区内缔约国的责任承担形式

如果遇难者的遇难地点在某国或是国家之间的搜救责任区之内，则搜救责任区内的缔约国需要对自身的不法行为造成环境损害承担赔偿责任，或是

在尽力恢复原状的基础上对因环境受损而受影响的受害人员提供相应必要的补偿。在一般意义上的国际法中，赔偿是指对受害国的物质和精神损害付给相应货币或物质，而补偿则是指在受害国对其所遭受的损失未通过恢复原状的前提下，所补充提供的一种补充赔偿方式。① 因此，赔偿方式往往更为直接，而补偿方式是在少数适用"恢复原状"并未奏效的前提下所提供的一种金钱或物质的间接给予，其本身并不独立。由于搜救责任区内缔约国负有提供搜救活动的义务，因此该搜救主体在实际承担国家责任的过程中应遵循一般国际法上国家责任的相关规定，对受害国提供相应的赔偿，或是在尽力恢复原状的基础上仍未能弥补损失的基础上，提供必要的补偿。

（二）人道主义救援国的责任承担形式

对于人道主义救援国的责任承担形式应有所突破，这种突破在于对"赔偿"与"补偿"之间的辩证理解。人道主义救援国的责任承担应具有补偿性而非赔偿性，但这种补偿性可以不以"恢复原状"为前提，或者降低为这种"恢复原状"所做出的努力标准。与搜救责任区内缔约国的责任承担形式有所差别的是，在海上搜救活动这一特殊领域中存有人道主义救援国这一特殊的搜救实施主体，因此，针对人道主义救援国的救援行为而致环境损害发生的责任承担相对于搜救责任区内缔约国而言应较轻。这一结论一方面来自两个不同搜救主体之间赔偿责任构成差异的存在，另一方面也来自对人道主义救援国家的鼓励。将"补偿"作为一个相对独立，且不依赖于"恢复原状"为前提的独立责任承担形式具有一定的合理性。如果这种责任承担与法律责任承担相等，则人道主义救援国的承担责任过重，进而降低人道主义参与救援活动的积极性。做出这种考量主要基于以下两个原因：其一，从正面角度考虑是对人道主义救援的鼓励。与其他陆地救援所不同的是：海上搜救的难度巨大，尤其是当救援地点位于公海时。并且在现实中，公海面积十分辽阔，且其诸多海域至今仍没有纳入国家的搜救责任区之中或者纳入搜救责任区内的国家成员数量过少，难以开展有效的救援。因此，对他国人道主义救援的鼓励实有必要。其二，从反面角度考虑是对违反搜救协定以及国内法的惩罚。由于《搜救公约》的缔约国以及受环境损害影响国所承担法律责任的认定前提是存在不法行为，因此，法律责任的产生意味着缔约国违反了相关条约及国内法的规定。该情形与人道主义救援而致损害结果产生的性质有

---

① 邵津主编：《国际法》，北京大学出版社2014年版，第429页。

着根本的区别,并且"赔偿"方式本身即具有一定的惩罚性。故"国家法律责任的承担程度重于因人道主义救援而产生的法律责任承担"这一结论是可以成立的。

综上所述,搜救责任区内的搜救国环境损害责任的承担形式依搜救主体的不同而有所差别:搜救责任区内的缔约国负有国际法约束下的救援义务,因此其责任的承担方式应是赔偿或是在不能恢复原状的前提下提供合理的补偿;而关于人道主义救援国的责任界定并没有任何救援的法律依据,故因其援助的行为而致环境损害的前提下仅提供一定的补偿,且这种补偿不以完全"恢复原状"为前提。

第三节 海上搜救活动中国家责任的管辖豁免

在海上搜救活动中,搜救船舶及其航空器对搜救海域、大气环境污染的行为,以及此种环境损害行为致使个人受到直接损害的情况下会导致国家责任的产生,而对所面临的国家责任承担归属及责任程度大小等问题可能通过国家间的相互协商,也有可能在协商未果或国家间不愿协商的情况下进行诉讼。而在后者情况发生时,对因此而产生的国家责任管辖豁免便成为诉讼中首先应明确的问题之一。由于国际海上搜救活动具有一定程度的复杂性,因此其中所涉及的对国家责任的管辖豁免也相对复杂,需要厘清。

一、海上搜救活动中国家责任管辖豁免的争鸣

在海上搜救活动中因国家行为而造成搜救海域、大气环境污染或者此种环境损害致使个人受到人身伤害及财产损失,其认定思路与搜救活动造成人身、财产侵权的认定思路是一致的,所产生的国家责任是否享有管辖豁免这一问题,理论及实践中有三种不同的理解分歧。

第一,绝对豁免说。持肯定观点的学者认为,搜救过程中产生的碰撞问题,包括社会救助力量中的商船或渔船参与搜救是受到国家行政机关的授权或委托,应当由国家负侵权赔偿责任。而军舰和用于非商业目的的政府船舶在搜救过程中享有国家豁免权,且这种国家豁免权是不受船旗国以外其他国

家管辖的豁免。①

第二,豁免否认说。持有否定说观点的学者分别从正反两个角度出发对自身观点进行论证。从正面角度出发,受害者有权要求寻求最佳救济途径,因此国家侵权行为应作为国家豁免的例外,② 美国立法即赞同这一观点。以单方的国内立法而非缔结条约的方式主张其对发生在其境内的外国政府的侵权行为有管辖权。从反面角度出发,国家侵权行为本身与国家履行主权行为无关。这一认定虽未在海洋侵权案件中频繁出现,但在陆地肇事案件中却有过确认。例如,在美国大使馆车辆肇事案件中,法院判决该行为不享有豁免权。这是基于侵权行为本身的性质而不是目的。由于驾驶车辆的行为不是主权行为,因而该行为不享有豁免。这一认定思路也同样适用于驾驶船舶。

第三,限制豁免说。持限制豁免说的学者认为,国家侵权行为应具体划分为"统治权行为"和"管理权行为"两者,即限制豁免理论,③ 并且只有在前一类侵权行为产生的情况下,国家方才享有管辖豁免。由于海上搜救活动具有国家性或国家领导性,其与海难救助或是其他商业性救助有着根本的区别。因此,限制豁免说的理论并不像前两者观点一样可以直接适用于海上搜救活动中的国家侵权行为。然而,限制豁免说的解释困境也不意味着限制豁免说在海上搜救领域中国家侵权行为适用的失败,其关键问题是这种较为折中理论的着眼点在何处。显然,由于在海上搜救活动中体现的更多的是国家公益性、国际道义性而并非商业性。因此限制豁免说的区分界限也应重新审视"统治权行为"和"管理权行为"两者之间的权衡,而寻求其他的标准。

笔者认为,绝对豁免说、豁免否认说和限制豁免说三者是在一般情况下进行的分析,它并不切入具体的国际法问题之中,而是抽象的、综合的进行分析和提炼。事实上,在分析不同的国际法问题时,三种学说各有适应的空间,比如在单纯的商业活动的司法管辖问题之中,目前国际法的主流观点已

---

① 邹立刚:《国家对外国船舶污染海洋的管辖权》,载《法治研究》2014 年第 5 期,第 78 页。

② 参见王海虹《国家豁免问题研究》(博士学位论文),中国政法大学 2006 年,第 120 页。

③ 贾兵兵:《国际公法:理论与实践》,清华大学出版社 2009 年版,第 246 - 247 页;[英] 伊恩·布朗利:《国际公法原理》,曾令良等译,法律出版社 2007 年版,第 288 页。

经不再完全执着于绝对豁免说,限制豁免说也有被采纳的可能和空间。相反,如果完全是一国政府的行为,那么绝对豁免说仍有被适用的可能。因此,学说之间并没有绝对合理与否的界限,探讨对国家责任的管辖豁免问题要结合所研究的领域。据此,学者首先应该要分析海上搜救活动中国家责任豁免的特殊性,才能准确地选取合理的学说以确立责任管辖豁免的学说择取方向。

二、海上搜救活动中国家责任管辖豁免的特殊性

海上搜救活动中国家责任管辖豁免存在一定的特殊性,而对这种特殊性的阐述是回应这一问题不同认识分歧的根本方式,也是对三种不同理论中前两种认识分歧的有力辩驳。这一特殊性主要体现在以下两个方面。

第一,搜救海域内人命救助的首要性。搜救海域内人命救助的首要性,是指在海上搜救责任区范围内,当搜救任务产生且在不危及责任区内缔约国领土安全时,搜救海域内领土主权问题将会让步于海上搜救责任区内的特殊搜救行动。这一特殊性意味着海上搜救活动中国家责任管辖的绝对豁免理论将可能不被认可。海域内主权问题的抽离思想已经在其他领域中得到了较为系统的论证,如在海洋环境保护领域内,有学者以国际环境保护为切入点,并强调周边国家应共同申请在特别敏感海域内设立专项领域合作制度。这种合作应局限于特定海域内,依赖特别的合作需要,并是一种超越并排除政治分歧的环境保护合作。

笔者认为,这一思路不仅可以适用于国际环境保护领域的合作,同时也可以借鉴并纳入搜救领域的合作。国家间在确立自身海上搜救范围时就应以海上搜救责任区为依据,而并非以各国的管辖水域为视野,固守自身的主权问题。事实上,主权问题的抽离性在缔约国确立搜救责任区之时就已经在彼此之间达成共识,这即表明各国应着眼于本国与其他国家所共同协商划定的海上搜救责任区,共同履行搜救义务,承担因自身侵权行为或搜救不作为行为而致使人员、财产及海洋环境损害的责任。因此,在抽离搜救责任区范围内主权问题的情形下,绝对豁免说便失去了其成立的根基,于其上而产生的国家侵权责任不能当然地享有绝对的豁免。

第二,国家责任中不同主体责任承担的差异性。国家责任承担形式中的差异性源于搜救活动主体的差异:即搜救责任区内缔约国的法律责任与人道主义救援国的法律责任。这种区分意味着在海上搜救活动中,国家责任管辖

豁免否认说同样也存在瑕疵，不能被完全接受。人道主义救援国所存在的法律责任表明：在海上搜救责任区范围之内，从事搜救活动的主体并非仅限于责任区内的缔约国，还存在其他国家的人道主义救援行为。因人道主义救援活动而产生责任的搜救国并非责任区内相关搜救协定的缔约国，故搜救责任区内的相关条约规定便不能加之于人道主义救援国之上。由于海上搜救责任区具有相对性，人道主义救援国所派遣的救难军舰及其他政府专业公务救援船艇（包括航空器）仍然代表着人道主义救援国本身的主权，而并未对其加以特殊抽离。因此，在海上搜救活动中国家责任存在形式要素差异的特殊性前提下，豁免否认说并未顾及人道主义救援国积极参与并协助搜救而致损害的情况，其同样也存在适用上的不全面。

三、海上搜救活动中国家责任管辖豁免的再考证

由于海上搜救活动中国家责任管辖豁免的特殊性存在，绝对豁免说以及豁免否认说均存在一定的不足，没有全面考虑海上搜救活动中国家责任的一些特殊问题。因此，在这一情况下限制豁免理论思路应被辩证的予以采纳，且在采纳的基础上，有必要重新审视并厘清责任管辖豁免与非责任管辖豁免之间的界限以及区分思路。

第一，限制豁免理论应被辩证采纳。限制豁免理论的实质是对国家搜救活动进行具体区分，其重要作用在于否认了绝对豁免主义以及豁免否认主义的一面性，而是将国家活动进行再划分处理。从这一角度而言，限制豁免说能够存在更广阔的适用空间以包容海上搜救活动中国家责任形式的复杂性，故应据此予以采纳。然而，其问题在于：现有的理论仅将限制豁免主义的分支落实在"统治权行为"以及"管理权行为"之中，并且将管理权行为基本等同于国家的商业行为。这种现状的产生基于"一战"以来国家参与商业活动的逐渐增加，绝对豁免的做法已经产生了一些不可避免的问题。而传统的限制豁免说虽然能在大体上为搜救活动中国家责任管辖豁免的认定提供了广泛的适用空间，但是其本身理论的分支难以适用于搜救领域之中。故限制豁免说应被辩证采纳，而之后问题的关键在于重新界定搜救领域内的国家活动。

第二，将"搜救责任区内缔约国的法律责任"与"人道主义救援国的法律责任"作为新的管辖豁免的理论分支。在限制豁免说的基础上，由于海上搜救责任区的存在，且该区域的设定目的在于设立一种国家间超越及排除

政治性分歧的特殊区域。因此，责任区内缔约国搜救活动所产生的侵权责任无权主张国家豁免，故豁免否认应适用于责任区内缔约国对被侵权者承担本国法律责任的情形之中。然而，如果一国并非责任区内的缔约国且对责任区内提供人道主义救援的情形时，其便可以依据本国救难军舰及船艇的国家性及主权代表性主张自身的管辖豁免。事实上，这一界定思路更有利于人道主义救援国。而不可否认的是，由于国际性的海上搜救活动具有复杂性、高风险性，因此，如果法律过于苛求人道主义救援国的责任及其管辖非豁免，则国际救援活动中的人道主义原则便会受到沉重的打击。

第四节 海上搜救活动中国家责任的衡平

海上搜救活动的实施主体被总括的划分为海上搜救责任区内的缔约国以及人道主义救援国两个不同的实施主体，而贯穿于海上搜救活动中国家责任的构成、承担形式及管辖豁免这三个问题之中时，人道主义救援国所设定的国家责任相对而言较为宽松。这一考量主要基于海上搜救责任区，尤其是我国南海海域与周边国家的责任区建立缓慢，且搜救整体实力较弱的情况下而设。然而，这种设计考量在一定程度上必然会阻碍国家海上搜救责任区的形成，抑制邻海国家搜救合作的积极性。另外，人道主义救援国宽松的责任及搜救责任区内缔约国的匮乏也不利于环境受损国或者因环境受损而产生直接损害的个人合法权益的保障。因此，需要从整体上衡平两方搜救主体的国家责任，在给予人道主义救援国相对宽松的责任基础的前提下，给予搜救责任区内缔约国适当的倾斜环境，使两种不同主体的国家责任处于一个相对平衡的状态，同时也要考虑到环境受损国或者因环境受损而产生直接损害的个人的合法权益保护。

一、衡平思路一：发起并设立相关的搜救合作基金

创建搜救合作基金的目的是缓解缔约国过重的责任压力，鼓励更多国家尽可能地协商并加入搜救责任区内，并覆盖更多的公海区域，同时，搜救合作基金的设立也能保证损害结果的受害方能够得到及时的赔偿。海上搜救需要大笔资金以支持各国的搜救行动，搜救合作基金的创建可以以搜救责任区内的缔约国发起创立，其他国家也可以积极投入其中。以"马航MH370事

件"为例,其搜救行动进行约一个月之时,各国飞机船舰费用的支出金额已经高达5000万美元,而其中单从初步搜寻阶段的支出来看就已经超过百万美元。由于责任区内缔约国经济发展水平存在一定的差异,许多国家搜救行动的搁置或拖延多由于资金的缺乏,如果在此基础上,还需要承担过重且可能发生的经济责任,那么对缔约国而言无疑是雪上加霜,因此,创建搜救合作基金十分必要。①

据此,沿海国可以借鉴西方国家的相关做法,发起一个在沿海国家之间的地区性搜救基金项目,并鼓励更多国家积极加入。同时,该基金的摊款不仅包括支出性的费用,同时也应包括责任偿付的相关费用支出等。基金项目的资金主要来源于遇险人员或可能存在的受害国的缴付,例如在国际民航航班的飞行路线可能越过相关海上搜救责任区时,民航航班乘客的机票款项中就应包括对这部分资金的缴纳。除此之外,缔约国以及社会各界的捐赠等其他途径也是搜救合作基金的重要来源之一。在赔偿时,可以根据实际的过失情况确定基金缴付、缔约国承担、受害方过错承担的相应比例,在缓解缔约国的责任压力的同时保障受害人能够得到及时且充分的赔偿。诚然,在其他非缔约国提供人道主义救援时,如果该国没有对基金的创建做出努力,则在责任承担的确定过程中,虽然可以根据其善意的动机或其他人道主义性事由减轻其责任,但是不能享受相关基金的摊款。

二、衡平思路二:搜救责任区内缔约国的沟通与交流

搜救责任区内的缔约国与人道主义救援国之间责任的衡平,并非意味着两者之间的对立,其出发点在于避免两个不同搜救主体以利己的心态寻求法律角色上的相互转化,是共同协作拯救海上遇险人员。虽然人道主义救援国与搜救责任区内缔约国之间责任的判定存在差异,但这并不意味着两个国家之间沟通与合作的分离。因此,搜救责任区内缔约国与人道主义救援国之间合作机制的确立,是衡平责任之间差异的另一途径。实行沟通与交流的思路可以从以下两个方面予以思考。

第一,搜救责任区内的缔约国自身设立相应合作的实体及程序制度。搜救责任区内的缔约国往往是发起搜救的主导国,其国内法或相关搜救条约往

---

① 杨凯:《东南亚地区海上人道搜救联合行动机制建设展望——以马航失联航班搜救为例》,载《东南亚纵横》2014年第12期,第35页。

往仅从责任区域自身应该建立某种沟通机制出发,包括实体机制及程序机制,以便利其他国家人道主义救援国相关设备、船舰的进入。从实体制度的角度出发,搜救责任区内的缔约国可以规定与人道主义救援国进行合作的原则、缔约国进行合作的指挥机构及职责、人道主义救援国的航行及要求等;从程序制度的角度出发,搜救责任区内的缔约国可以具体地协商与人道主义救援国实施救援的合作阶段、人道主义救援国实行救援活动应配合的行动要求等。这种沟通机制的建立目的在于迅速将人道主义救援国纳入其主导活动中,精准定位遇险人员并对其进行施救,尽可能地减少搜救对环境的污染。

第二,搜救责任区内的缔约国可以形成设立相应的奖励制度。在相关基金建立完善的前提下,缔约国可以另外从已设立的基金比例中划拨一部分,奖励或补助人道主义救援国的道义行为。针对人道主义救援国积极投入救援的行为,搜救责任区内的缔约国以及其他有关组织可以共同创设并构建一套相关的奖励机制,对人道主义救援国积极投入并成功救援的行为给予必要的奖励,其可通过资金的形式或为其提供其他方面的必要便利。

一方面,建立相应的沟通机制及奖励机制不仅能调动缔约国及国籍国的搜救积极性,还能建立一个相对规范且统一的秩序体系,防止国家间搜救活动的混乱性,进而从根本上预防了环境损害事故的发生。另一方面,其重要性还在于从主观上通过相互沟通及合作将两方国家形成紧密的合作体,化解国家间因判定责任构成的差异所产生的互斥心态,一定程度上促进了国家之间的搜救合作与沟通交流。

三、衡平思路三:搜救责任区内缔约国的身份转变

除了需要在搜救责任区内平衡缔约国与遇险人员之间的责任关系,以及平衡搜救责任区缔约国与人道主义救援国之间的责任关系之外,还应考虑搜救责任区之间缔约国的责任关系。海上遇险人员在被实际救助之前,并不可能完全停留在遭遇危险的海域,而是可能随着洋流的变化转移至其他地点。因此,如果遇险人员从原搜救责任区随着洋流进入新搜救责任区时,两个不同搜救责任区的缔约国之间应如何进行责任衡平,是应思考的一个重要问题。笔者认为,由于搜救责任区之间缔约国所达成的搜救协定可能存在明显的差别,解决这一差别的方式在于不同缔约国之间责任身份的转变。具体而言,这种责任的衡平可以由以下几种方式予以确定。

第一,搜救责任区内缔约国另行达成相关协定。根据不同海域的洋流变

化,相邻搜救责任区之间的缔约国可以另行达成相关协定,确定在发生遇险人员转移至他国搜救责任区时,不同责任区内国家的责任问题。因此,衡平思路的首要着眼点是不同海上搜救责任区的缔约国之间是否能够达成一致,如果搜救责任区间缔约国能够另行达成相关协定,那么只要这种协定不违反国际法的强制性规定,也不侵害其他国家管辖海域内的主权时,就应认可该协定的法律效力。

第二,原搜救责任区内缔约国转变为人道主义救援国。由于海上遇险人员遇险地点跨越搜救责任区,因此,原搜救责任区缔约国追及至其他国家搜救责任区缔约国时,便并不当然地在新海上搜救责任区内被强加一种额外的搜救义务。在这种情形时,原搜救责任区缔约国转变为人道主义救援国,在新海上搜救责任区内承担人道主义救援国应有的责任,且这种责任构成、承担及管辖豁免应符合人道主义救援国的特殊要求。然而,身份上的转变可能导致原搜救责任区缔约国推脱责任,甚至会在濒临界限之时折返,这将严重危及遇险人员的人身安全。故而其虽然在责任构成上有所减轻,身份上发生转变,但在必要的救援信息、救援设备上则有义务给新搜救责任区内的缔约国予以必要通报和支持,以便利救援,防止给新搜救责任区内缔约国过重的救援负担。综上,对原搜救责任区内缔约国的衡平方式是:允许其身份上的转变,减轻其因搜救区域过广而带来的不必要压力,但其负有向新搜救责任区缔约国通报救援信息、支持救援设备的义务,以协助救援。

第三,新搜救责任区缔约国转变为搜救责任区内救援国。当遇险人员转移至新海上搜救责任区时,该责任区域内的国家便有义务参与救援活动,接收原搜救责任区内缔约国的救援信息、设备以加入救援,同时其责任的构成、承担方式以及责任豁免应符合搜救责任区内缔约国的责任要求。新搜救责任区缔约国所获得的便利是承接原搜救责任区缔约国的搜救成果及信息,从程度上而言与自始救援相比较为轻松,所耗费的搜寻工作也往往较少。因此,其责任承担的压力往往与之工作程度相反是衡平两个不同搜救责任区内缔约国搜救责任的重要要求。

第七章 我国无人船参与海上搜救的法律问题及完善思考

第一节 无人船参与海上搜救活动的实践基础

一、传统海上搜救活动存在局限性

长期以来,我国海上搜救活动采取的是以人力组建的海上搜救队伍展开搜救活动。在海上搜救活动日益复杂的背景下,我们对海上搜救的要求也在不断增加,不仅要求人员安全,也要求保护环境,逐步探索在低成本的基础上,高效率、高安全性地完成搜救任务。在此背景下,"以人救人"的传统搜救模式暴露出许多局限。

第一,人员素质影响搜救效果。海上搜救活动的复杂性和高风险性,对搜救人员的心理素质和身体素质及个人能力都提出了较高要求。海上搜救活动往往在恶劣环境中开展,搜救人员不仅要面临变幻莫测的天气,还可能需要处理海上事故造成的一系列环境污染,比如燃油泄漏。在这种情况下,搜救人员的耐力、力量、敏捷性和协调性等不仅影响海上搜救的效果,还影响自身的安全。除了良好的身体素质,搜救人员还要有能承受长时间的紧张工作和高强度的心理压力的能力,以便应对海上搜救这样一项高风险、高压力的工作。此外,搜救人员必须熟练掌握海上搜救相关的专业知识和技能,同时具备良好的团队协作和沟通能力,才能高效完成搜救任务。由此可见,搜救人员的素质对搜救活动影响甚为重大,一旦搜救环境发生不可预料的变化或出现其他突发情形,不仅会影响搜救效果,还会危及搜救人员本身的安全。

第二,搜救成本限制搜救规模。海上搜救活动涉及大量人力、物力和财力的投入。搜救规模的不断扩大,意味着对搜救成本的不断增加。在传统人力搜救的模式下,前期的人员培训、后期的人员调动以及贯穿整个搜救活动中的人员保障对技术、医疗和经济始终处于高需求的状态。搜救范围的不确定性和搜救规模的扩张性也使人力资源面临挑战。在没有准确位置信息的情况下,海上搜救的范围可能会不断扩大,例如,"马航 MH370 事件"中的搜救范围就达到了 7500 平方千米。① 搜救规模要求一定的搜救成本,搜救成本也限制了搜救规模的扩张。

二、无人船参与海上搜救活动的可能性

与传统搜救方式相比,无人船参与海上搜救活动具有低成本、高效率的优势。为了满足海上搜救活动的高要求,无人船应用于海上搜救活动已成为必要。梳理无人船技术的发展和国内政策环境,可以得知无人船参与海上搜救活动不仅有其现实需求,还具备实用的可能性。

第一,技术支持。进入 21 世纪,随着物联网、大数据、云计算、人工智能等新技术的高速发展,无人船的发展有了相应的技术支撑,无人船参与海上搜救活动也有了现实可能性。我国在新技术的不断发展过程中,也积极开展无人船的研究与应用。在技术研究方面,有学者针对救援活动中如何快速靠近漂浮的遇险目标问题,运用人工智能的深度学习理论,为海上无人船救援技术的应用提供支持。② 在实际运用方面,2008 年,作为气象应急装备——国内新光公司研发的"天象1号"无人艇在奥帆赛期间为赛事提供气象保障服务。2014 年上海大学研制的"精海"系列无人艇配备北斗导航系统,可实现自主定位、航迹自主跟踪、航迹线远程动态设定、障碍物自主避碰等技术。③

第二,政策支持。根据国家统计局《国民经济行业分类》④ 和《战略性

---

① 参见王杰、李荣、张洪雨《东亚视野下的我国海上搜救责任区问题研究》,载《东北亚论坛》2014 年第 4 期,第 15 页。

② 郑帅、贾宝柱、张昆阳等:《基于 DDPG 算法的海上无人救援技术研究》,载《计算机应用与软件》2021 年第 4 期,第 159 页。

③ 张树凯、刘正江、张显库等:《无人船艇的发展及展望》,载《世界海运》2015 年第 9 期,第 31 页。

④ 中华人民共和国民政部:《国民经济行业分类》,https://www.mca.gov.cn/images3/www/file/201711/1509495881341.pdf,最后访问时间:2024 年 6 月 27 日。

新兴产业分类（2018）》①，无人船艇行业被归类为"C34 通用设备制造业"和"2.1 智能制造装备产业"，这显示了无人船艇行业在我国经济体系中的重要地位，属于当前重点发展的战略性新兴产业之一。此外，国家也出台了相应政策鼓励船舶的智能转化。2018 年 12 月 27 日，工业和信息化部、国家国防科工局联合发布《推进船舶总装建造智能化转型行动计划（2019—2021年）》，对船舶总装智能化转型的发展规划做出全面的指导说明。2019 年 5 月 9 日，交通运输部等七个部门联合发布《智能航运发展指导意见》，明确了智能航运发展的总体要求。②

三、无人船在海上搜救活动中的实践用途

根据《国家海上搜救手册》和《国际航空和海上搜寻救助手册》的有关规定，海上搜寻活动的大致流程是评估状况、确定区域、制订方案、实施救助。③ 基于其智能性，无人船在海上搜救活动的每个环节中都发挥着重要的作用。

第一，快速锁定搜索区域。无人船参与海上搜救活动，其能够在收集数据后快速处理数据，并确定搜救区域。现代计算机技术的发展使无人船能够运用更精确的计算方法。比如，在无人船上使用蒙特卡洛法（Monte Carlo Method）④ 提高搜寻区域的精确度。根据《国家海上搜救手册》，无人船搜救方式主要包括扩展方形搜寻、平行线搜寻、扇形搜寻、航迹线搜寻，在搜救活动中，无人船往往可以联合运用多种搜救方式快速确定搜救区域，以便尽快开展对遇险人员的救助。此外，海洋环境复杂多变，无人船的特点使无人船联合作业成为可能，多艘无人船共同执行大范围拉网式的搜索，可快速、高效地锁定搜索区域，降低搜救成本。

第二，高效实施救助活动。无人船参与海上搜救活动提高了海上搜救活

---

① 《战略性新兴产业分类（2018）》，见中国政府网（https://www.gov.cn/zhengce/zhengceku/2018 - 12/31/content_5433037.htm），最后访问时间：2024 年 6 月 27 日。

② 参见韩立新、夏文豪《中国无人船的政策与法律规则应对》，载《海洋法律与政策》2021 年第 1 期，第 47 页。

③ 参见王秀玲、尹勇、赵延杰等《无人艇海上搜救路径规划技术综述》，载《船舶工程》2023 年第 4 期，第 51 页。

④ 参见王秀玲、尹勇、赵延杰等《无人艇海上搜救路径规划技术综述》，载《船舶工程》2023 年第 4 期，第 51 页。

动的效率，主要表现在低成本、高适应性方面。无人船的参与减少了搜救过程中的人力投入。在恶劣的天气和复杂的水域环境中，搜救人员可能面临巨大的生命危险。而无人船可以在这些环境中进行搜救，减少搜救人员的风险。以珠海市香洲区海上搜救应急演习为例①，无人船在演习中表现出色，其通过多元传感器，实现了部分搜救工作的无人化，达到了快速搜索、快速到达、快速救助的演习效果，提高了搜救质量和效率。无人船的"无人化"使无人船可以在各种水域环境中开展搜救活动，包括浅滩、暗礁等复杂区域。此外，无人船采用多种传感器和人工智能技术，它们具有处理大量数据并进行分析判断的能力，具有更强的适应性和抗干扰能力。无人船的高适应性特点提高了其在救助活动中的效率。

第二节　无人船参与海上搜救活动的法律依据

当前，有关无人船的专门法律规定，无论是在国内立法还是国际条约中都处于空白状态。然而，随着各国对无人船技术的研发，海上通信设施的更新升级，无人船进行海上搜救的可行性正在逐渐增强。因此，我们需要从法律层面寻找无人船参与海上搜救活动可能适用的法律依据。

一、无人船的法律属性

确定无人船的法律属性，就是探究是否能将无人船纳入现行法律体系。②IMO（国际海事组织）根据船舶的智能化程度，将海上自主水面船舶划分为四个等级。由于配备在船船员，第一级和第二级的船舶适用常规船舶的国际条约并无过多障碍，故不在讨论范围内。因此，我们讨论的是不配备船员的无人船。从船舶定义的角度考察现行法律体系，可知国际公约与中国现行法律均未提到"船员"这一要素。

---

① 《无人机、无人船"硬核出击"香洲区举行海上搜救应急演习》，见珠海市香洲区人民政府官网（https://www.zhxz.gov.cn/gkmlpt/contnet/313612/mpost_3612870.html#994），最后访问时间：2024年6月27日。

② 参见张清宝《无人船海事监管法律问题研究》，载《上海法学研究（集刊）》2023年第20卷。

(一) 国际法意义下的船舶

《联合国海洋法公约》未对船舶的概念做出明确规定,只使用"ship"和"vessel"二词指称船舶。《1972年国际海上避碰规则公约》规定"船舶"是能够用作水上交通运输工具的各类船筏。《国际防止船舶造成污染公约》中提及的"船舶"是能在海洋环境中运行的任何船舶。[①]《统一提单的若干法律规定的国际公约》与《1986年联合国船舶登记条件公约》则将船舶定义为具有运输功能的商用船舶。

从上述海事国际公约中可知,在国际法上,大多情况下船舶被定义为能在水上航行的任何船舶,船上配备的人员未被作为船舶的构成要件。因此,无人船应属于国际法定义中的船舶。

(二) 中国立法下的船舶定义

《中华人民共和国海商法》《中华人民共和国海上交通安全法》《中华人民共和国船舶和海上设施检验条例》《中华人民共和国船舶登记条例》对船舶的定义都比较粗略,将船舶定义为水上移动装置,也未将船员作为船舶的必备要素,因此无人船符合中国立法上的船舶定义。

(三) 无人船是法律意义上的船舶

根据国内外关于船舶的法律规定,无人船应该属于船舶的一种。"船舶"不仅包括传统船舶,也包括无人船。尽管目前的法律规则通常被适用于传统船舶,未在法律文本中出现无人船,但这不能说明现行法律没有无人船的适用空间。

二、无人船配备救生设备的法律义务

船舶需要专门配置救生设备,以保障在航行过程中遇到海难等紧急情况时能够实施自救或救援。《1974年国际海上人命安全公约》中详细规定了"救生设备"的标准。[②]《国际救生设备规则》则是对《公约》中所规定的救

---

① 《国际防止船舶造成污染公约》(International Convention for the Prevention of Pollution from Ships,简称《MARPOL公约》)是为保护海洋环境,由国际海事组织制定的有关防止和限制船舶排放油类和其他有害物质污染海洋方面安全的国际公约。

② 《1974年国际海上人命安全公约》规定,一切救生艇均应建造恰当,其形状及尺度比例应使其在海浪中具有充裕的稳性,并确保载足全部乘员及属具时具有足够的干舷。一切救生艇在载足全部乘员及属具而破漏通海时,仍应保持稳性。

生设备进行了细化规定。① 上述有关船舶配备救生设备的国际公约规定是基于常规船舶配员的需要,对未配备船员的无人船是否适用,并没有明文规定。我们可以从以下两个角度证成无人船具有配备救生设备的义务。

一是海上航行传统和人道主义的要求。《1974年国际海上人命安全公约》规定船舶应当配置救生设备,除了能在船舶自身遇到海难时及时采取相关措施进行本船遇险人员的自救,也能确保船舶对其他遭遇海难的船舶和人员及时提供有效救助,从而保证海上人命和财产的整体安全。因此,无人船配备救生设备成为义务能使无人船对海上遇险船舶和人员提供救助或援助成为可能。此外,根据我国《海上交通安全法》规定,任何从事船舶、海上设施航行、停泊、作业以及其他与海上交通相关活动的单位及个人,均应当遵守有关海上交通安全的法律、行政法规、规章以及强制性标准和技术规范;同时依法享有获得航海保障和海上救助的权利,承担维护海上交通安全和保护海洋生态环境的义务。我国《海上交通安全法》亦明确了船舶的人命救助义务。因此,根据上述规定,无人船只有配备救生设备,才能承担维护海上交通安全以及救助海上遇险人员的法定义务。基于相同的考虑,中国船级社发布的《智能船舶规范》也将必要的救生设备设置为自主操作船舶船上控制站应当满足的必备要求。

二是船舶适航性的要求。无人船如果未配备救生设备,可能会受到各国有关船舶适航条件的法律挑战。如丹麦《海上安全法》中明确规定船舶技术适航性的必备条件:"海上人命安全得到充分保障。"② 如果无人船连最基础的救生设备都不配备,那无人船对海上人命安全保障的充分性就无从谈起,更不用说技术适航性。③

因此,无人船配备救生设备对海上航行的整体安全具有重大意义。海上

---

① 国际救生设备(LSA)要求在海上航行的船舶必须装载救生圈、救生船、救生衣、干粮、淡水等,以应对可能发生的自身船舶沉没或是对其他遇难船舶进行相应的救援工作。

② 丹麦《海上安全法》(*The Act on Safety at Sea*)第2节第1款:Every ship shall be constructed, equipped and operated in such a way as to adequately protect human life at sea and in such a way that it is fit for the nature of the service for which it is intended at any time. As much regard as possible shall be paid to pollution protection.

③ 参见郭萍、徐房茹《古老与未来的碰撞:无人船在海难救助中的法律问题》,载《中山大学法律评论》2022年第1期,第3页。

航行的整体安全与航行秩序需要得到维护，不能因为无人船上未配备船员就放弃对救生设备的配备。

三、无人船的海上救助义务

《海商法》中规定，船长在不严重危及本船和船上人员安全的情况下，有义务尽力救助海上人命。那么，未配备船员的无人船是否还应适用人命救助的相关条款？

从海难救助的目的来看，海上救助是尽最大努力减少或者挽回由于海难造成的人命减少和财产损失，防止环境污染扩大。基于此种目的，作为船舶的一种，无人船应该在技术允许范围内积极承担海上救助义务。从《联合国海洋法公约》以及《1974年国际海上人命安全公约》相关内容对搜救目的进行的解释中，我们也能得知未来无人船的海上人命救助义务的履行范围与无人船的船舶设计、配备及安排的限定性能力是挂钩的。[①] 因此，无人船需要在"能够提供协助"以及"在合理预期会采取救援行动的能力和条件范围内"承担有限的人命救助义务。

无人船履行海上救助义务的方式具有多样性，可以利用无人船拍摄和监测遇难船舶的实时状况，为救助机构提供需要的救援信息；也可以用无人船搭载救生设备。总之，无人船不应当也不能够免除海难救助的义务，但可以在履行方式上适当做出调整。

第三节 无人船参与海上搜救活动面临的问题

尽管无人船参与海上搜救活动是技术发展和现实需求催生的产物，有其自身的可能性和实践用途。但不得不承认的是，从当前人工智能科技发展状况来看，无人船技术尚处于初始阶段，尚未出现能够精准判断环境并自主做出决策和实施行为的无人船。除了由技术水平导致的无人船自身局限而产生应用风险外，不成熟的法律环境也使无人船参与海上搜救活动面临一系列问题，具体而言，包括以下几个方面。

---

① 参见郭萍、徐房茹《古老与未来的碰撞：无人船在海难救助中的法律问题》，载《中山大学法律评论》2022年第1期，第3页。

一、缺乏固定航道

与传统的救援船舶相比,无人船通过先进的传感器、全球定位系统（GPS）、惯性导航系统（INS）和人工智能技术（AI）进行自主导航,可以更快更准确地到达救援地点。正因如此,无人船行使的通畅性极为重要,直接关乎救援的效果。然而,无论是国内还是国外,都缺乏无人船的专用航道,这对无人船的无阻碍通过提出了极大的挑战。

第一,受限于"无害通过制度"。大规模的海上搜救活动因其影响的海域范围的宽广,往往涉及多国协作,涉及主权国家的领海问题。现行国际法对于无害通过制度制定了详尽的规范,这些规定在《联合国海洋法公约》中得到了集中的体现和明确的阐述。但是,《联合国海洋法公约》并未对无人船舶做出特殊规定,一直以来,领海无害通过制度的适用对象原则上是有人在船操作和营运的传统船舶,出于对无人船技术安全的担忧,某些国家对无人船可以适用"无害通过制度"提出了质疑。例如,出于对无人船存在的污染风险、沿海国安全风险等的考虑,德国明确表示与安全相关的事项可能会带来的问题,将使无人船面临更频繁的沿海国检查,而沿海国如何对无人船行使检查权利是新的问题。[①]

第二,导致管理的不确定性。由于缺乏固定的航道,无人船在搜救过程中难以被有效监管。无人船的航行路线和定位主要依靠全球定位系统,当救援过程中遭遇极端天气时,无人船的操作人员可能无法及时收集数据信息,产生人机断联的状况,导致管理困难。具体而言,其主要存在运行管理和法律管理两方面的困境：一方面,缺乏固定航道使无人船的航线规划和任务管理更加复杂,从源头看,在技术上,需要国家投入更多的资源和精力确保无人船的航行安全和任务执行效率。此外,在紧急情况下,因为缺乏固定的航道可以提供参照和应急支持,若出现设备故障或遇到危险,无人船可能需要更快速和有效的响应机制。另一方面,当涉及在国际水域中展开救援,无人船的航行和作业可能涉及不同国家的法律和监管要求,增加了跨境航行的复杂性和不确定性,从而产生法律监管上的难题。

---

① 参见郭萍、姜瑞《无人船适用领海无害通过制度的困境及对策》,载《武大国际法评论》2022年第1期,第45-47页。

二、缺乏成熟的技术

尽管我国已经在实践活动中投入使用无人船,但不可否认的是,我国无人船的发展仍处于初步阶段,与国际上先进的无人船技术水平相比仍存在明显的技术差异。科技水平是无人船发展的基础,由于技术水平的局限导致我国无人船在参与海上搜救活动中产生一系列隐患,其中,安全隐患和环境保护问题较为突出。

第一,安全隐患凸显。无人船的安全隐患主要涉及是否具有准确可靠的操作系统、能否及时修理船只故障以及能否确保信息传输的安全性。操作系统的准确性决定了无人船是否能够正确规划航行路线。在此方面,我国目前存在的问题主要是缺乏统一的无人船操作系统标准和认证体系,导致市场上产品良莠不齐,难以保证系统的稳定性和可靠性。我国无人船的制造商主要是企业,如沈阳航天新光集团有限公司、北京亿航智能科技有限公司[①],但目前既无统一的关于操作系统的国家标准,也无权威的行业标准。因无人船缺乏人力这一关键资源,当其独立完成搜救任务或距离操控人员距离较远时,一旦发生故障,尤其是涉及物理维修和手动操作的任务时,将难以得到及时维修。此外,信息安全是无人船投入使用的关键问题,无人船在与其他船只或岸上基站通信时,可能遭受信号干扰或信息欺骗,导致通信中断或接收错误指令。无人船上携带的各类传感器和设备也可能成为攻击者的目标,一旦被攻破,敏感数据(如作业数据、研究数据等)可能泄漏。例如,2020年4月10日,世界第二大集装箱航运公司地中海航运的总部数据平台遭遇疑似恶意软件攻击后暂停。[②] 同时,在数据传输过程中,攻击者可能截获数据包,对信息进行篡改,影响无人船的正常作业。此外,机动条件下,复杂电磁环境可能产生强电磁干扰,影响无人船通信和控制系统的正常工作。因此,信息数据的安全性是无人船需要突破的主要障碍之一。[③]

第二,环境保护乏力。一般来讲,无人船相较于传统普通船舶对环境更

---

① 《无人艇中的"黑马",谁在默默造?中国无人艇厂商大摸底》,https://baijiahao.baidu.com/s?id=1795743310735489671,最后访问时间:2024年6月28日。

② 参见周翔宇《面向自主船舶的危险分析方法研究》(博士学位论文),大连海事大学2021年。

③ 参见徐锦堂、禤燕珊《无人船合法性与责任承担问题研究》,载《法治论坛》2019年第2期,第94页。

友好。因为没有船员，无人船上无需安排宿舍区域，也无需安装加热、排污系统，可以减少燃料消耗。然而，无人船这种对于海洋来说的新生事物也将给海洋环境带来新的威胁。这种威胁主要包括无法及时处理污染海域和无人船在使用过程中对海洋生态的破坏以及船体自身对海洋环境的污染。目前，我国无人船应用刚起步，关于海洋环境监测的无人船应用也寥寥无几，原因是我国目前还未掌握成熟的无人船海洋环境监测技术。这一方面，我国落后于无人船的主要研发国家。比如，美国密歇根大学开发了无人船 BathyBoat，其被应用于湖泊水深、环境测量；英国普利茅斯大学开发了无人船 Springer，搭载了水质监测传感器，其被应用于海洋环境监测。[①] 此外，海上搜救不仅仅包括救助遇难人员，还包括清理污染海域。在无船员的情况下，即使监测到污染区域，由无人船对海洋进行独立清理也是一大难题。由于无人船主要运行于电磁环境之中，无人船在监控和探测周边环境时，是否会对海洋生物产生影响，至今未有深入确定的研究。由于无人船故障使之与操控人员失去联系时，若无法及时确定其位置并进行打捞工作，无人船机体本身则会成为海洋环境的污染源。

三、缺乏对无人船的海事监管立法

无人船相较传统船舶，船上无人化、船岸一体化是其显著的技术特征。这些技术的应用，不仅会给航运业带来前所未有的变革，同时也会给现行海事法律体系带来严峻挑战。目前针对无人船的专门立法尚处于空白状态。

目前的船舶安全检查规则是根据传统船舶制定的，将其用于规制无人船时会出现很多问题。由于无人船不配备船员，其安全运行要高度依赖远程控制站。下面将从船舶本体的安全检查和远程控制站的安全检查这两个方面进行分析。

1. 对船舶本体的安全检查

从我国缔结和加入的有关国际公约中可以得知，船舶安全检查的内容不仅包括船舶本体的技术构造，还包括船舶配员的相关情况。[②] 这两者是船舶

---

① 参见金久才、张杰、邵峰等《一种海洋环境监测无人船系统及其海洋应用》，载《海岸工程》2015 年第 3 期，第 87 页。

② 参见张清宝《无人船海事监管法律问题研究》，载《上海法学研究（集刊）》2023 年第 20 卷。

海上行使安全的必备要素。《海上交通安全法》中也有关于船员配备与适任的规定。《海上交通安全法》中规定，船舶应当满足最低安全配员要求，配备持有合格有效证书的船员，以及船长应当在船舶开航前检查并在开航时确认船员适任、船舶适航、货物适载。《中华人民共和国船舶安全监督规则》除了具体规定了船舶安全检查的内容、检查程序、缺陷处理等内容，也对船员进行了规定。从法律位阶来看，《中华人民共和国船舶安全监督规则》作为下位法，是对《海上交通安全法》等上位法的进一步规定，其制定符合上位法的要求，在开展船舶安全监督过程中应严格遵守。但《海上交通安全法》与《中华人民共和国船舶安全监督规则》规定的针对船员方面的相关条款都是以传统有人驾驶船舶为规制对象的，将其适用于不配备船员的无人船时，会产生适用上的障碍。

2. 对远程控制站的安全检查

无人船的安全航行不像传统有人船舶一样仅依靠船舶自身的状况实现安全航行，还需要依赖远程控制站的运行及其两者之间的网络连接。无论对远程控制无人船还是自主航行无人船，远程控制站都具有重要作用。无人船的航行路线、海上作业都需要远程控制站对其进行发布指令。此时，远程控制站的地位相当于传统有人驾驶船舶的驾驶室，只是该"驾驶室"建在岸上，是与无人船体本身相分离的。虽然在一般情况下，无人船可在自身配备的自主航行系统控制下进行航行，但也需要远程控制站对其作业活动进行监控。特别是在极端的航行环境下，远程控制站发挥更大的监控与管理作用。远程控制站作为保障无人船安全航行不可或缺的系统装置，必须将远程控制站纳入安全检查的范围。目前关于如何对远程控制站需要实施安全检查还没有相关的法律规定。要解决这个问题，首先就要确定远程控制站的安全检查主体以及安全检查的标准设定，这些在当前的法律体系中都是缺失的。

正如前面提到，无人船可能受限于"无害通过制度"，导致其实施海上搜救活动时受阻。其中，面临的主要困境分别是法律"非无害通过"情形的兜底条款限制与沿海国对"无害通过"实际审查困难。

一是"非无害通过"情形的兜底条款限制。《联合国海洋法公约》规定了船舶的领海无害通过权。然而为了防止外国国籍的非无害通过，该公约列举了"非无害"的具体情形和兜底条款。此外，该公约又规定沿海各国可依据公约和其他国际法上的规制制定关于无害通过领海的法律和规章。无人船与传统的有人船相比，在实施海上搜救等海上作业时，更加依赖高新技术对信息进行搜集与传输。这种信息搜集行为，特别是对于水下信息进行搜集的行为可能会逾越安全边界，危害沿海国的安全，从而落入《联合国海洋法公约》的规制范围，被判定为损害沿海国和平安全的行为。[①] 此外，无人船的自主航行和远程控制依靠航行系统的智能算法，但是该智能算法在紧急情况下的可靠性和安全性尚待进一步的验证。因此，沿海国为了自身安全的考虑，很可能会依据兜底条款认定无人船不符合无害通过的条件，从而限制无人船通过其领海。

二是沿海国对"无害通过"实际审查困难。在理论上，船舶的领海无害通过制度对"有害"和"无害"的判断清晰明确。但是在实践中，由于互联网技术与无人船的深度链接，加大了对无人船"无害通过"的审查难度。网络信息技术融合到船舶的运行时，无人船实施的行为相应地具有了一般互联网的隐秘性和信息边界等问题。因此，传统的"无害性"的审查可能无力应对无人船的监管。如无人船的避碰自动化系统，无人船要保证航行安全，避免出现碰撞等情形，就需要对周围航行环境进行信息的检测与搜索。此时，领海也不可避免地成为了无人船进行信息搜集的目标。根据国际公约和规制，一国对其领海享有主权。无人船为了航行安全的目的，会存在未经沿海国同意就对其领海信息进行收集、传输和储存的情况，从而危害沿海国的和平、良好秩序和安全。因此，由于沿海国在对无人船的"无害通过"进行审查时，很难甄别无人船搜集的信息内容是否合法，以及搜集的信息确实用作航行安全的数据支持还是另有他用（如军事目的）。[②] 因此，由于无人船其强大的智能特性会为海上作业带来技术革新，但是其自身融入的网络信息技术也让国家安全问题成为各国关注的焦点。

---

① 参见张清宝《无人船海事监管法律问题研究》，载《上海法学研究（集刊）》2023年第20卷。
② 参见郭萍、姜瑞《无人船适用领海无害通过制度的困境及对策》，载《武大国际法评论》2022年第1期，第49页。

第四节　对完善我国无人船海上搜救法律的思考

一、加强国际合作

由于缺乏固定航道，涉及国际合作进行的海上搜救活动或者我国需要利用"无害通过制度"展开的救援将出现一定阻碍。由此，展开国际合作（特别是沿海国之间针对无人船参与救援），建立相应的制度实为必要。具体而言，沿海国可以建立无人船通报制度和指定特定航道。

第一，建立无人船通报制度。目前，针对无人船适用"无害通过制度"的质疑主要集中于其技术带来的"无害性"方面，对此，沿海国建立无人船通报制度，将有效解决这一难题。在进入他国领海之前，无人船应将船舶名称、船舶国际呼号、船籍船舶登记簿上的基本信息、船舶的主要智能性功能，以及预计通过领海的具体时间等关键信息发送给沿海国，使沿海国预先知晓相关信息。[①] 这种提前报备信息的行为，不仅能使沿海国提前做好心理预期和准备，还能在特定时刻及时提供帮助，展开国际救援合作。基于《联合国海洋法公约》全球航行的优先性理念[②]，这种报备义务并不影响救援无人船的顺利通行，即无人船只需要报备即可畅通通行，而无需等待沿海国的回复。如此一来，既可以打消沿海国的顾虑，也不会耽误无人船救援的进程。

第二，指定特定航道。为了加强对本国无人船的运行管理以及对各国无人船的网络监管，防止本国水域数据的泄露，沿海国可以协作设定特定的航道。由于无人船的智能性及高度发达的网络信息技术，其通过水域时可能会收集相关水域的信息，威胁他国数据安全。各沿海国可以根据本国实际情况，评估出相对安全路线，并在特定路线上加设专门针对无人船舶网络监管的设施。同样，在此过程中，沿海国扮演的更多是监管而不是许可的角色，

[①] 参见郭萍、姜瑞《无人船适用领海无害通过制度的困境及对策》，载《武大国际法评论》2022 年第 1 期，第 53 页。

[②] Ling Z, Wang W X. "Policy-Oriented Analysis on the Navigational Rights of Unmanned Merchant Ships, 48 Maritime", *Policy&Management*, 2021, 49 (7), p. 453.

不能随意阻碍他国救援船舶的通过，阻碍救援进程。在此机制下，沿海国可以进一步加强信息共享机制和建立责任承担机制，保障无人船的安全顺利通过。

二、筑牢科技支撑

无人船的研发和应用离不开先进高端的技术支持。目前无人船研究涉及的关键技术主要有航线自动生成与路径规划技术、通信技术、自主决策与避障技术、环境感知技术[①]，可见，技术的支持保障了无人船参与救援的全部活动。对此，我国可以通过提供政策支持、培养技术人才的方式加速关键技术的发展和突破。

第一，提供政策支持。首先，加强无人船的环境保护监管。无人船的制造商应当使用环保材料和技术，最大程度减少对生态环境的影响。无人船的操作人员应遵守环保法规，不得对水体和周围环境造成污染和破坏。相关部门将对无人船的使用进行环保监管和检查，对违规行为进行处罚。其次，支持技术创新和加大研发投入。政府可以通过制定相关法规和标准来规范无人船行业的发展，为技术创新和研发提供指导。同时，提供资金支持、税收优惠等激励政策，鼓励企业加大研发投入，推动无人船技术的创新与发展。最后，政府可以出台相关政策推动无人船在环境监测、海上救援等领域的广泛应用，鼓励企业探索无人船的新应用场景，拓展无人船的市场空间。

第二，培养技术人才。虽然无人船实现了船上不搭载船员，但这并等于无人船参与海上搜救就无需人力。无人船的研发、运营、操作以及事后维修都离不开人力操作，实现绝对自主化。为了适应无人船救援模式，在培养人才之前应当调整培养目标。新模式下的救援人才主要是指挥人员，他们必须是既懂航海又掌握智能技术的复合型人才，能够理解智能船舶运输系统的框架和核心问题，所以国家应结合教育体系进行改革。航海类学科应与时俱进，结合信息与通信工程、计算机应用技术、控制理论与控制工程等学科，形成交叉融合的培养体系。最后，要积极开展校企合作。从具有先进无人船技术的国家来看，美国、英国等国家的高校在技术研究方面发挥着重要作用，我国高校也应当与相关企业建立合作关系，统筹资金和人才，开展专业

---

① 参见李家良《水面无人艇发展与应用》，载《火力与指挥控制》2012年第6期，第206页。

项目研究，促进核心技术突破。

三、推进无人船法律规则的制定

在现行中国法律框架下，对无人船的监管存在法律适用的可能。但是由于法律制定自身的滞后性，部分具体的法律规则未能对无人船这样的新型船舶预留适用空间。因此，如何对无人船进行规制和监管立法已成为迫切需要解决的问题。

第一，修改现行规定，将无人船纳入现行船舶相关的法律体系。

首先，关于船舶登记与船舶国籍。《中华人民共和国船舶登记条例》针对船员资格的规定，可以结合无人船的技术的发展前景，在满足现阶段无人船的发展需要与维护海上交通安全和海洋环境的前提下，对有关船员资格的规定进行适当修改，使其不限制无人船取得中国国籍。

其次，关于船员配备与船员职责。根据相关法律法规，传统船舶都是配备船员的。中国国内法也将船舶配备足够数量的船员作为船舶安全航行的标准之一。例如《海上交通安全法》规定船舶应当按照标准定额配备足以保证船舶安全的合格船员，《中华人民共和国船舶最低安全配员规则》也规定了船员配备的考虑因素。由于船员的缺位，无人船难以适用以上法规进行规制。此外，对无人船进行实际控制的岸基控制人员也可能因为非船员身份，在面对安全监管时缺乏法律依据。因此，可考虑在《中华人民共和国船舶最低安全配员规则》中增加免除适用的条款，只要无人船符合国内外法律规定的安全航行标准，足以保证海上航行安全，就可以不适用"最低安全配员"的规制；对于《中华人民共和国船员条例》，岸基控制人员与传统船员的共性之处，予以保留适用，而对于如资格认定标准、培训内容等有区别的部分，应当增设条款进行规制。

第二，开展无人船的国内和国际专门立法。

首先，制定具体法定检验技术规则来保障无人船适航。《联合国海洋法公约》规定船舶的船旗国采取必要措施来保证船舶的海上航行安全，具体规定了对船舶的构造、装备和适航条件等方面的安全检查。《中华人民共和国船舶登记条例》也规定了国际航行船舶和国内航行船舶的船舶所有人申请船舶国籍所需提交的技术证书。船舶只有具备适航技术条件并经船舶检验机构检验合格、核发相关的技术证书才能航行。目前，有关无人船检验的规则、规范只有中国船级社发布的《智能船舶规范》《无人水面艇检验指南》《自主货物运输船舶指南》，无人船的专门法定检验技术规则仍处于空白。相关部门根据传统船舶的检验标准来对无人船进行规范显然存在不尽合理之处。因此，建议尽快制定针对无人船的法定检验规则，避免无人船因无法通过船舶法定检验而被限制发展。

其次，对无人船在进行海上搜救等海上作业时，可能会出现的如船舶碰撞、海难救助时的义务履行和责任分配问题进行立法规制。比如由于海上救助作业具有高度危险性和不可预测性，对于无人船过失损害赔偿责任的认定标准可以适当宽容。[①] 此外，在无人船具有参与救助义务的前提下，需考虑无人船舶的控制主体的能力和技术问题等可能是影响搜救无人船实际履行救助义务的因素。总之，立法时既要充分考虑无人船本身的技术特点与操作方式的特殊性，也要考虑无人船现实中义务履行的可能性与注意义务，实现权责分配的对等与统一。

最后，要紧跟国际社会的无人船立法动态，积极参与无人船国际规则的制定。目前无人船的技术发展并未成熟，而国际规则对无人船行业的发展有着重要的奠基与导向作用。目前，国际标准化组织、国际电工委员会、国际航标协会等国际标准化机构均在大力推进船舶智能化相关标准制定工作。[②] 因此，国内有关部门要主动参与不同主体、不同领域开展的无人船国际规则制定活动中，并努力提出中国方案。

总而言之，作为一项新兴的技术，无人船技术有着广阔的运用空间和良好的发展前景。无论国际社会还是各国政府，在法律制度上应跟上无人船技术的发展需要，为其提供法律保障。同时由于无人船技术发展迅速，立法还要具有一定的前瞻性，给无人船留有一定的容错和创新空间。

[①] 参见袁雪、王孙奕《IMO框架下无人船的海难救助法律义务探析》，载《大连海事大学学报》2022年第6期，第28页。

[②] 参见冯书桓《IMO海上水面自主船舶立法进展与趋势》，载《中国船检》2022年第9期，第60页。

参 考 文 献

一、中文文献

(一) 专著

[1] 司玉琢. 海商法 [M]. 北京：法律出版社, 2012.

[2] 杨良宜. 海事法 [M]. 大连：大连海事大学出版社, 1999.

[3] 初北平. 新编海商海事法规精要 [M]. 大连：大连海事大学出版社, 2009.

[4] 周鲠生. 国际法 [M]. 武汉：武汉大学出版社, 2007.

[5] 薛桂芳.《联合国海洋法公约》与国家实践 [M]. 北京：海洋出版社, 2011.

[6] 周忠海. 国际法 [M]. 北京：中国政法大学出版社, 2008.

[7] 张文显. 法理学 [M]. 北京：法律出版社, 2007.

[8] 邵津. 国际法 [M]. 北京：北京大学出版社, 2014.

[9] 屈广清, 曲波. 海洋法 [M]. 北京：中国人民大学出版社, 2014.

[10] 黄异. 海洋与法律 [M]. 台北：新学林出版股份有限公司, 2010.

[11] 傅崐成. 海洋法精要 [M]. 上海：上海交通大学出版社, 2014.

[12] 林灿铃. 国际法上的跨界损害之国家责任 [M]. 北京：华文出版社, 2000.

[13] 贾兵兵. 国际公法：理论与实践 [M]. 北京：清华大学出版社, 2009.

[14] 贾兵兵. 国际公法：和平时期的解释与适用 [M]. 北京：清华大学出版社, 2015.

[15] 罗艳华. 国际关系中的主权与人权：对两者之间的多维透视 [M]. 北京：北京大学出版社, 2005.

[16] 张海文, 李海清.《联合国海洋法公约》释义集 [M]. 北京：海洋出版社, 2006.

[17] 江家栋,曹海宁. 中国海洋法律与政策比较研究 [M]. 北京:中国人民公安大学出版社,2014.

[18] 何志鹏. 国际法哲学导论 [M]. 北京:社会科学文献出版社,2013.

[19] 金永明. 海洋问题专论 [M]. 北京:海洋出版社,2012.

[20] 金永明. 中国海洋法理论研究 [M]. 上海:上海社会科学院出版社,2014.

[21] 帅学明,朱坚真. 海洋综合管理概论 [M]. 北京:经济科学出版社,2009.

[22] 松井芳郎,佐分晴夫,坂本茂树,等. 国际法 [M]. 辛崇阳,译. 北京:中国政法大学出版社,2004.

[23] 明斯特. 国际关系精要 [M]. 潘忠歧,译. 上海:上海人民出版社,2007.

[24] 博丹. 主权论 [M]. 李卫海,钱俊文,译. 北京:北京大学出版社,2008.

[25] 卡塞斯. 国际法 [M]. 蔡从燕,等译. 北京:法律出版社,2011.

[26] 布朗利. 国际公法原理 [M]. 曾令良,等译. 北京:法律出版社,2007.

[27] 马尔科姆肖. 国际法 [M]. 白桂梅,等译. 北京:北京大学出版社,2011.

(二) 期刊

[1] 王焕. 我国海上搜救情况浅析 [J]. 天津航海,2010 (3):59-61.

[2] 杨盘生. 应尽快建立我国海上搜救基金 [J]. 中国水运,2007 (12):34-36.

[3] 黄志球. 治理理论视域下的我国海上搜救管理体制创新 [J]. 中国航海,2014 (3):72-75,103.

[4] 王玉宁. 论国家主管机关从事或控制下的海难救助 [J]. 世界海运,2013,36 (6):5,44-48.

[5] 邹立刚. 论国家对专属经济区内外国平时军事活动的规制权 [J]. 中国法学,2012 (6):9.

[6] 周新. 海法视角下的专属经济区主权权利 [J]. 中国海商法研究,2012 (4):10.

[7] 史春林,李秀英. 中国参与南海搜救区域合作问题研究 [J]. 新东方,

2013 (2): 25-30.

[8] 王杰, 李荣, 张洪雨. 东亚视野下的我国海上搜救责任区问题研究 [J]. 东北亚论坛, 2014 (4): 15-24.

[9] 贾大山, 魏明. 马航MH370航班失联事件启示 [J]. 中国水运, 2014 (9): 22-25.

[10] 于庆明. 我国海上搜救工作现状及改进建议 [J]. 交通世界, 2002 (1): 54-57.

[11] 李志文. 国际海底资源之人类共同继承财产的证成 [J]. 社会科学, 2017 (6): 90-98.

[12] 刘萧. MH370海上搜救启示 [J]. 中国船检, 2014 (4): 66-69.

[13] 田田. 海商法上船舶的法律属性研究 [J]. 政法论坛, 1995 (5): 122-127.

[14] 李志文, 王金东. 论海商法中的船舶 [J]. 理论界, 2007 (11): 70-72.

[15] 向力. 南海搜救机制的现实抉择: 基于南海海难事故的实证分析 [J]. 海南大学学报 (人文社会科学版), 2014 (6): 50-58.

[16] 仲光友, 李莉. 无害通过制与过境通行制之间的区别 [J]. 政工学刊, 2012 (2): 64-65.

[17] 曲波. 海洋法与人权法的相互影响 [J]. 海南大学学报 (人文社会科学版), 2013 (5): 89-95.

[18] 林灿铃. 论国际法不加禁止行为所产生的损害性后果的国家责任 [J]. 比较法研究, 2000 (3): 277-283.

[19] 林灿铃. 国际法的"国家责任"之我见 [J]. 中国政法大学学报, 2015 (5): 145-151.

[20] 赵洲. 国际不法行为责任上的主观因素 [J]. 中南大学学报 (社会科学版), 2011 (3): 63-69.

[21] 范烨民. 从马航MH370事件看国际联合救援的问题与对策 [J]. 新西部, 2014 (9): 168-169.

[22] 查长松, 李大光. 马航失联航班救援行动凸显海军海上救援作用 [J]. 中国军转民, 2014 (4): 70-73.

[23] 邹立刚. 国家对外国船舶污染海洋的管辖权 [J]. 法治研究, 2014 (5): 76-81.

[24] 何志鹏. "良法"与"善治"何以同等重要: 国际法治标准的审思

[J]. 浙江大学学报（人文社会科学版），2014（3）：131-149.

[25] 杨凯. 东南亚地区海上人道搜救联合行动机制建设展望：以马航失联航班搜救为例[J]. 东南亚纵横，2014，16（12）：32-35.

[26] 吕有志. 论人权高于主权的本质[J]. 浙江大学学报（人文社会科学版），2011（2）：43-48.

[27] 何志鹏. 超越国家间政治：主权人权关系的国际法治维度[J]. 法律科学，2008（6）：17-24.

[28] 曲波. 南海区域搜救合作机制的构建[J]. 中国海商法研究，2015（3）：60-67.

[29] 张暮辉. 马航失联后国际合作新亮点[J]. 中国报道，2014（4）：102.

[30] 王阳. 全球海洋治理：历史演进、理论基础与中国的应对[J]. 河北法学，2019（7）：164-176.

[31] 袁沙. 全球海洋治理：客体的本质及影响[J]. 亚太安全与海洋研究，2018（2）：87-89.

[32] 王雨荣. 略论作为人权的环境权[J]. 法制与社会发展，2023（4）：100-116.

[33] 刘连泰. 信息技术与主权概念[J]. 中外法学，2015（2）：505-522.

[34] 李令华. 中国海洋划界与国际接轨的若干问题[J]. 中国海洋大学学报（社会科学版），2005（1）：1-6.

[35] 张湘兰，张芷凡. 论海洋自由与航行自由权利的边界[J]. 法学评论，2013（2）：76-81.

[36] 于庆明. 我国海上搜救工作现状及改进建议[J]. 交通世界，2002（1）：54-57.

[37] 张乃根. 试析《国家责任条款》的"国际不法行为"[J]. 法学家，2007（3）：95-101.

[38] 蒋平. 完善我国海洋法体系的探讨[J]. 海洋信息，2006（2）：25.

[39] 李志文. 我国在南海争议区域内海上维权执法探析[J]. 政法论丛，2015（3）：16-25.

[40] 王威，沙小进. 海上搜救体系存在的问题与对策研究[J]. 南通航运职业技术学院学报，2012（3）：93-99.

[41] 孙继. 海上搜救职能在交通部的历史演变[J]. 中国海事，2014

(3)：43-45.

[42] 陈小虎. 世界各国搜救组织架构的共同趋势探析 [J]. 中国水运，2010 (5)：24-25.

[43] 游志斌. "马航事件"中的国际应急救援合作剖析 [J]. 行政管理改革，2014 (7)：44-48.

[44] 肖洋. 北极海空搜救合作：成就、问题与前景 [J]. 中国海洋大学学报（社会科学版），2014 (3)：8-13.

[45] 阙占文. 论灾害救援的国际法问题：以国际救援队的法律地位为中心 [J]. 行政与法，2009 (11)：111-114.

[46] 曾鹏，王国芬. 对提高南海海区海上救助能力的思考及建议 [J]. 中国水运，2010，10 (7)：55-56.

[47] 林名群. 海上搜救的思考和探索 [J]. 珠江水运，2010 (11)：30-31.

[48] 彭信发. 海上搜救立法中的制度设计 [J]. 中国水运，2007 (10)：14-15.

[49] 徐雯梅. 我国海上搜救现状及建议 [J]. 水运管理，2009 (8)：35-38.

[50] 周健，唐浪. 我国海外军事行动立法研究 [J]. 时代法学，2014 (4)：11-17.

[51] 危敬添. 《1979年国际海上搜寻救助公约》与《1989年国际救助打捞公约》的关系 [J]. 中国远洋航务，2010 (3)：56-58.

[52] 范金林，郑志华. 重塑我国海洋法律体系的理论反思 [J]. 上海行政学院学报，2017 (3)：105-111.

[53] 李志文. 论我国海洋法立法 [J]. 社会科学，2014 (7)：86-95.

[54] 王建廷. 我国地方海洋立法技术分析 [J]. 海洋环境科学，2009 (1)：180-184.

[55] 马晓雪，石树凯，马来好. 作为公共物品的中国海上搜救服务：能力、结构与评估 [J]. 公共管理学报，2017 (2)：39-47.

[56] 余元玲. 中国—东盟交通运输合作机制研究 [J]. 甘肃社会科学，2012 (4)：170-173.

[57] 张颖. 半闭海制度对南海低敏感领域合作的启示 [J]. 学术论坛，2016 (6)：68-73.

[58] 熊勇先. 争议专属经济区内适度性执法研究 [J]. 中国法学，2016 (5)：92-109.

[59] 范金林，郑志华. 重塑我国海洋法律体系的理论反思［J］. 上海行政学院学报，2017（3）：105－111.

[60] 姚莹. 涉外海洋法治：生成背景、基本内涵与实践路径［J］. 武大国际法评论，2022（4）：22－44.

[61] 何好如，黄硕琳，韦记朋. 欧美 IUU 捕捞管理体系对中国渔业政策制定的启示［J］. 上海海洋大学学报，2021（1）：171－178.

[62] 曲波. 澳法打击南大洋 IUU 捕捞执法合作：内在成因、外在动因及合作特色［J］. 海南大学学报（人文社会科学版），2023（6）：52－60.

[63] 郝会娟. 韩国管制 IUU 捕捞的国家法律措施评析［J］. 山东大学法律评论，2020（10）：371－395.

[64] 罗秀兰，孙展望. 海上人命救助制度模式之反思［J］. 政法学刊，2011（2）：25－29.

[65] 杨瑛. 专属经济区制度与军事活动的法律剖析［J］. 社会科学辑刊，2017（9）：118－124.

[66] 史春林，李秀英. 中韩加强海上搜救合作研究［J］. 东北亚论坛，2015（4）：35－36.

[67] 史春林，李秀英. 中日加强海上搜救合作研究［J］. 日本研究，2015（2）：45－46.

[68] 肖洋. 北极海空搜救合作：规范生成与能力短板［J］. 国际论坛，2014（2）：13－19.

[69] 袁曾. 海上救助人命优位权制度的构建［J］. 社会科学，2016（4）：98－107.

[70] 袁曾. 空难水上救助的道德困境与海上人命救助制度的完善［J］. 法学杂志，2017（6）：132－140.

[71] 李志文，王崇. 争议海域搜救中责任区域划定的相关法律问题［J］. 学术交流，2015（12）：97－101.

[72] 张辉. 中国周边争议海域共同开发基础问题研究［J］. 武大国际法评论，2013（1）：43－61.

[73] 龚迎春. 争议海域的权利冲突及其解决途径［J］. 中国海洋法评论，2008（2）：78－89.

[74] 吴松芝. 日本海上执法模式研究［J］. 武警学院学报，2012（7）：90－93.

[75] 杨瑛. 科孚海峡案涉及的无害通过权的法律问题分析［J］. 理论月刊，

2016（8）：175-179.

[76] 江河，洪宽. 专属经济区安全与航行自由的衡平：以美国"航行自由行动为例"[J]. 太平洋学报，2018（2）：46-58.

[77] 韩雪晴，王义桅. 全球公域：思想渊源、概念谱系与学术反思[J]. 中国社会科学，2014（6）：188-202.

[78] 张磊. 论公海自由与公海保护区的关系[J]. 政治与法律，2017（10）：91-99.

[79] 金永明. 论领海无害通过制度[J]. 国际法研究，2016（2）：60-70.

[80] 王娣. 我国强制执行立法体例与结构研究[J]. 法学评论，2014（6）：161-168.

[81] 聂卫锋. 中国民商立法体例历史考：从晚清到民国的立法政策与学说争论[J]. 政法论坛，2014（1）：112-130.

[82] 杨立新. 我国侵权法草案对国外立法经验的借鉴[J]. 中国法学，2009（5）：185-196.

[83] 白洋，刘变叶. 加强我国船源污染防治法律制度的对策研究[J]. 河南工程学院学报（社会科学版），2010（25）：53-56.

[84] 严金海，李克才. 海洋生态环境损害赔偿的法律问题[J]. 人民司法，2014（11）：66-70.

[85] 廖兵兵，叶榅平. 生态文明视域下海洋生态环境损害赔偿范围研究[J]. 中国海商法研究，2022（33）：3-14.

[86] 刘丹，夏霁. 渤海溢油事故海洋生态损害赔偿法律问题研究[J]. 河北法学，2012（30）：113-120.

[87] 梁小成，刘继龙，吴燕婷. 新《海上交通安全法》与海上搜救应急体系建设[J]. 中国海事，2021（12）：19-22.

[88] 马晓雪，石树凯，郭怡，等. 日本海上搜救应急体系研究[J]. 中国水运，2016（3）：42-44.

二、英文文献

（一）专著

[1] CHRISTOPHER H. Maritime law [M]. 6th ed. London：LLP Professional Publishing，2003.

[2] OPPENHEIM. International law [M]. Oxford：Oxford Public International Law，1952.

[3] KURIAN G T. The encyclopedia of political science [M]. Thousand Oaks: CQ Press, 2011.

[4] JOHN B, STEVEN S. The globalization of politics: an introduction of international relations [M]. 3rd ed. Oxford: Oxford University Press, 2005.

[5] FAUCHILLE. Traite de droit international public [M]. Paris: Rousseau Corporation, 1922.

[6] BROWNLIE. International law and the use by force by states [M]. Oxford: Oxford Scholarship, 1963.

[7] SEAN D M. Principle of internatioal law [M]. Eagan: WEST Press, 2012.

[8] SANDS P, KLEIN P. Bowett's law of international institutions [M]. Hong Kong: SWEET & MAXWELL, 2009.

[9] JON PIERRE. Debating governance: authority, steering, and democracy [M]. Oxford: Oxford University Press, 2000.

(二) 期刊

[1] SAMUELSON P A. The pure theory of public expenditure [J]. The review of economics and statistics, 1954 (4): 387-389.

[2] BJORN ARP. Introductory note to the agreement on cooperation on aeronautical and maritime search and rescue in the arctic [J]. International legal materials, 2011 (6): 1110-1130.

[3] STUART K, LOWELL B. The naval protection of shipping in the 21st century: an Australian perspective [J]. Paper in Australian maritime affairs, 2011 (1): 47-48.

[4] GRIFFITHS, DAVID N. What's in a name-the legal regime in the caspian sea [J]. Ocean yearbook online, 2009, 23 (1): 161-192.

[5] JIA B B. A synthesis of the notion of sovereignty and the ideal of the rule of law: reflections on the contemporary Chinese approach to international law [J]. 53 GYIL, 2010 (1): 11-61.

[6] SAM B. Hydrographic surveying in the eez: differences and overlaps with marine scientific research [J]. Marine policy, 2005, 29 (2): 163-174.

[7] DOUVERE F, EHLER C N. New perspectives on sea use management: initial findings from european experience with marine spatial planning [J].

Journal of environmental management, 2009, 90 (1): 77-88.

[8] HALPERN B S, WALBRIDGE S, SELKOE K A, et al. A global map of human impact on marine ecosystems [J]. Science, 2008, 319 (5865): 948-852.

[9] SIVAS D A, CALDWELL M R. New vision for California ocean governance: comprehensive ecosystem-based marine zoning [J]. Stanford environmental law journal, 2008, 27 (209): 209-268.

[10] AYSEGUL B. Thoughts on the salvage convention 1989 and Turkish law [J]. The Turkish commercial law review, 2015 (14): 123.

[11] BARNES, RICHARD. Refugee law at sea [J]. International and comparative law quarterly, 2004 (53): 47-77.

[12] CARNEIRO, GONCALO. The Social dimension of portugal's ocean policies [J]. Ocean yearbook online, 2010, 24 (1): 67-113.

[13] KITTICHAISAREE, KRIANGSAK. Code of conduct for human and regional security around the south China sea [J]. Ocean development and international law, 2001 (32): 131-147.

[14] CHRISTOPHER, WARREN. Reinforcing nato's strength in the west and deepening cooperation with the east [J]. US department of state dispatch, 1995 (6): 471-474.

[15] KOFIAMAN. Report of the international ocean institute [J]. Ocean yearbook onine, 2005, 21 (1): 549-580.

[16] DRAPER. International law in historical perspective [J]. International affairs, 1980 (3): 3.

[17] AGARWAL, KR S. Legal issues in the protection of marine biological diversity beyond national jurisdiction [J]. Maritime affairs journal of the national maritime foundation of india, 2015, 11 (1): 84-98.

[18] KIM, JINYUP. Potential international litigation in the context of transboundary pollution: with special references to the disposal of radioactive water into the ocean by Japan [J]. Journal of East Asia and international law, 2021, 14 (2): 245-270.

[19] MCMAHON M. Tides of plastic: using international environmental law to reduce marine plastic pollution [J]. Hastings environmental law journal,

2022（6）：49-75.

[20] RAMPRASAD N. International tribunal for the law of the sea：its role in resolving sea disputes international［J］. Journal of law management & humanities，2021（4）：738-748.

三、学位论文

[1] 马金星. 海上交通安全维护中的法律问题研究［D］. 大连：大连海事大学，2015.

[2] 王海虹. 国家豁免问题研究［D］. 北京：中国政法大学，2006.

[3] 于杰. 国家主管机关海难救助法律问题研究［D］. 大连：大连海事大学，2013.

[4] 李响. 国际法视野下的中国海事行政执法问题研究［D］. 大连：大连海事大学，2012.

[5] 刘刚仿. 论海难救助的客体［D］. 北京：对外经济贸易大学，2006.

[6] 潘玉. 美国航行自由政策研究［D］. 长春：吉林大学，2017.

后　　记

　　本书是在我博士学位论文的基础上结合新问题修改而成的。对于这本学术专著的出版，我充满了感激、热忱与期待。本书除了从海上搜救的一般国际法律问题着手，还立足于全球环境治理这一新的视角来分析海上搜救行动可能产生的环境问题，一方面强调了保护海洋环境的重要性，另一方面也能进一步地厘清海上搜救和环境治理间的交叉法律问题，鼓励相关国家在参与海上搜寻救助，救助遇难者生命安全的同时，也尽力维护海洋环境。此外，在南方海洋科学与工程广东省实验室（珠海）自主科研项目的大力支持下，本书也关注了无人船参与海上搜救的相关问题。进入21世纪，随着大数据、云计算、人工智能等新技术的高速发展和更新迭代，无人船的发展有了技术支撑，无人船参与海上搜救活动也逐渐具备了现实可能性。我国在新技术的不断发展过程中，也积极开展无人船的研究与应用。无人船技术发展迅速，国际组织和各国都在积极探索、制定相关的规则和规范，以应对无人船技术带来的挑战，充分发挥无人船技术以提升海上搜救效率。然而，目前我国现行立法尚未能对无人船参与海上搜救活动进行更为细致的规范，相关标准和检验规范存在一定程度的缺失。为此，本书在第七章对我国无人船参与海上搜救的实践基础以及可能存在法律障碍进行了深入探讨。

　　在这里，首先我要感谢我的恩师李志文教授。在我读博士期间，老师孜孜不倦地给予我指导，教我如何写论文、做学问，针对我的博士学位论文，耐心地提出意见和建议。在她的帮助下，我的论文获得了"大连海事大学校级优秀博士毕业论文"的荣誉，这些都让我非常感动，也鞭策着我更努力地去钻研和学习。其次，我要感谢黄瑶教授，自我入职中山大学法学院以来，黄瑶教授对我的科研工作给予了极大的支持；感谢张海文研究员、郭萍教授等对本书撰写给予的支持。另外，在本书撰写的过程中，万玲、王倩、谢明聪和刘恩池四位同学协助本人搜集资料，参与本书的校对和完善工作，他们认真负责，不仅展现出深厚的学识功底，更体现了对知识的热爱、对探索的执着，以及对团队合作精神的深刻理解，在此一并表示感谢！最后，也想感谢中山大学出版社李先萍编辑及其同仁对本书的编辑与校对，为本书的顺利出版保驾护航。

囿于自身研究水平，本书可能有诸多不足之处，恳请读者批评指正。后续，我以及我的团队会尽力完善、补充、修订。

王崇

2024 年 7 月